陳福成著

陳福成著作全編

第七十六冊　臺北公館地區開發史

文史哲出版社印行

國家圖書館出版品預行編目資料

陳福成著作全編 / 陳福成著. -- 初版. --臺北
市：文史哲,民 104.08
頁： 公分
ISBN 978-986-314-266-9（全套：平裝）

848.6 104013035

陳福成著作全編

第七十六冊 臺北公館地區開發史

著　者：陳　福　成
出版者：文　史　哲　出　版　社
http://www.lapen.com.tw
登記證字號：行政院新聞局版臺業字五三三七號
發行人：彭　正　雄
發行所：文　史　哲　出　版　社
印刷者：文　史　哲　出　版　社
臺北市羅斯福路一段七十二巷四號
郵政劃撥帳號：一六一八〇一七五
電話886-2-23511028・傳真886-2-23965656

全 80 冊定價新臺幣 36,800 元

二〇一五年（民一〇四）八月初版

ISBN 978-986-314-266-9 08981

陳福成著作全編總目

壹、兩岸關係

①決戰閏八月
②防衛大台灣
③解開兩岸十大弔詭
④大陸政策與兩岸關係

貳、國家安全

⑤國家安全與情治機關的弔詭
⑥國家安全與戰略關係
⑦國家安全論壇。

參、中國學四部曲

⑧中國歷代戰爭新詮
⑨中國近代黨派發展研究新詮
⑩中國政治思想新詮
⑪中國四大兵法家新詮：孫子、吳起、孫臏、孔明

肆、歷史、人類、文化、宗教、會黨

⑫神劍與屠刀
⑬中國神譜
⑭天帝教的中華文化意涵
⑮奴婢妾匪到革命家之路：復興廣播電台謝雪紅訪講錄
⑯洪門、青幫與哥老會研究

伍、詩〈現代詩、傳統詩〉、文學

⑰幻夢花開一江山
⑱赤縣行腳‧神州心旅
⑲「外公」與「外婆」的詩
⑳尋找一座山
㉑春秋記實
㉒性情世界
㉓春秋詩選
㉔八方風雲性情世界
㉕古晟的誕生
㉖把腳印典藏在雲端
㉗從魯迅文學醫人魂救國魂說起
㉘六十後詩雜記詩集

陸、現代詩（詩人、詩社）研究

㉙三月詩會研究
㉚我們的春秋大業：三月詩會二十年別集
㉛中國當代平民詩人王學忠
㉜讀詩稗記
㉝嚴謹與浪漫之間
㉞一信詩學研究：解剖一隻九頭詩鵠
㉟囚徒
㊱胡爾泰現代詩臆說
㊲王學忠籲天詩錄

柒、春秋典型人物研究、遊記

㊳山西芮城劉焦智「鳳梅人」報研究
㊴在「鳳梅人」小橋上

總序：陳福成的一部文史哲政兵千秋事業

陳福成先生，祖籍四川成都，一九五二年出生在台灣省台中縣。筆名古晟、藍天、司馬千、鄉下人等，皈依法名：本肇居士。一生除軍職外，以絕大多數時間投入寫作，範圍包括詩歌、小說、政治（兩岸關係、國際關係）、歷史、文化、宗教、哲學、兵學（國防、軍事、戰爭、兵法），及教育部審定之大學、專科（三專、五專）、高中（職）等各級學校國防通識（軍訓課本）十二冊。以上總計近百部著作，目前尚未出版者尚約二十部。

我的戶籍資料上寫著祖籍四川成都，小時候也在軍眷長大，初中畢業（民57年6月），投考陸軍官校預備班十三期，三年後（民60）直升陸軍官校正期班四十四期，民國六十四年八月畢業，隨即分發野戰部隊服役，到民國八十三年四月轉台灣大學軍訓教官。到民國八十八年二月，我以台大夜間部（兼文學院）主任教官退休（伍），進入全職寫作高峰期。

我年青時代也曾好奇問老爸：「我們家到底有沒有家譜？」

他說：「當然有。」他肯定說，停一下又說：「三十八年逃命都來不及了，現在有個鬼啦！」

兩岸開放前他老人家就走了，開放後經很多連繫和尋找，真的連鬼都沒有了，茫茫無垠的「四川北門」，早已人事全非了。

但我的母系家譜卻很清楚，母親陳蕊是台中縣龍井鄉人。她的先祖其實來台不算太久，按家譜記載，到我陳福成才不過第五代，大陸原籍福建省泉州府同安縣六都施盤鄉馬巷。

第一代祖陳添丁、妣黃媽名申氏。從原籍移居台灣島台中州大甲郡龍井庄龍目井字水裡社三十六番地，移台時間不詳。陳添丁生於清道光二十年（庚子，一八四〇年）六月十二日，卒於民國四年（一九一五年），葬於水裡社共同墓地，坐北向南，他有二個兒子，長子昌，次子標。

第二代祖陳昌（我外曾祖父），生於清同治五年（丙寅，一八六六年）九月十四日，卒於民國廿六年（昭和十二年）四月二十二日，葬在水裡社共同墓地，坐東南向西北。陳昌娶蔡匏，育有四子，長子平、次子豬、三子波、四子萬芳。

第三代祖陳平（我外祖父），生於清光緒十七年（辛卯，一八九一年）九月二十五日，卒於（年略記）二月十三日。陳平娶彭宜（我外祖母），生光緒二十二年（丙申，一八九六年）六月十二日，卒於民國五十六年十二月十六日。他們育有一子五女，長子陳火，長女陳變、次女陳燕、三女陳蕊、四女陳品、五女陳鶯。

以上到我母親陳蕊是第四代，到筆者陳福成是第五代，與我同是第五代的表兄弟姊妹共三十二人，目前大約半數仍在就職中，半數已退休。

寫作是我一輩子的興趣，一個職業軍人怎會變成以寫作為一生志業，在我的幾本著作都詳述（如《迷航記》、《台大教官興衰錄》、《五十不惑》等」。我從軍校大學時代開始寫，從台大主任教官退休後，全力排除無謂應酬，更全力全心的寫（不含為教育部編著的大學、高中職《國防通識》十餘冊）。我把《陳福成著作全編》略為分類暨編目如下：

壹、兩岸關係

①《決戰閏八月》②《防衛大台灣》③《解開兩岸十大弔詭》④《大陸政策與兩岸關係》。

貳、國家安全

⑤《國家安全與情治機關的弔詭》⑥《國家安全與戰略關係》⑦《國家安全論壇》。

參、中國學四部曲

⑧《中國歷代戰爭新詮》⑨《中國近代黨派發展研究新詮》⑩《中國政治思想新詮》⑪《中國四大兵法家新詮：孫子、吳起、孫臏、孔明》。

肆、歷史、人類、文化、宗教、會黨

⑫《神劍與屠刀》⑬《中國神譜》⑭《天帝教的中華文化意涵》⑮《奴婢妾匪到革命家之路：復興廣播電台謝雪紅訪講錄》⑯《洪門、青幫與哥老會研究》。

伍、詩〈現代詩、傳統詩〉、文學

⑰《幻夢花開一江山》⑱《赤縣行腳·神州心旅》⑲《「外公」與「外婆」的詩》、⑳《尋找一座山》㉑《春秋記實》㉒《性情世界》㉓《春秋詩選》㉔《八方風雲性情世界》㉕《古晟的誕生》㉖《把腳印典藏在雲端》㉗《從魯迅文學醫人魂救國魂說起》㉘《60後詩雜記詩集》。

陸、現代詩（詩人、詩社）研究

㉙《三月詩會研究》㉚《我們的春秋大業：三月詩會二十年別集》㉛《中國當代平民詩人王學忠》㉜《讀詩稗記》㉝《嚴謹與浪漫之間》㉞《一信詩學研究：解剖一隻九頭詩鵠》㉟《囚徒》㊱《胡爾泰現代詩臆說》㊲王學忠籲天詩錄。

柒、春秋典型人物研究、遊記

㊳《山西芮城劉焦智「鳳梅人」報研究》㊴《在「鳳梅人」小橋上》㊵《我所知道的孫大公》㊶《孫大公思想主張手稿》㊷《金秋六人行》㊸《漸凍勇士陳宏》。

捌、小說、翻譯小說

㊹《迷情・奇謀・輪迴》㊺《愛倫坡恐怖推理小說》。

玖、散文、論文、雜記、詩遊記、人生小品

㊻《一個軍校生的台大閒情》㊼《古道・秋風・瘦筆》㊽《頓悟學習》㊾《春秋正義》㊿《公主與王子的夢幻》51《洄游的鮭魚》52《男人和女人的情話真話》53《台灣邊陲之美》54《最自在的彩霞》55《梁又平事件後》。

拾、回憶錄體

56《五十不惑》57《我的革命檔案》

58《台大教官興衰錄》59《迷航記》60《最後一代書寫的身影》61《我這輩子幹了什麼好事》62《那些年我們是這樣寫情書的》63《那些年我們是這樣談戀愛的》

64《台灣大學退休人員聯誼會第九屆理事長記實》。

拾壹、兵學、戰爭

65《孫子實戰經驗研究》66《第四波戰爭開山鼻祖賓拉登》。

拾貳、政治研究

(67)《政治學方法論概說》(68)《西洋政治思想概述》(69)《中國全民民主統一會北京行》(70)《尋找理想國：中國式民主政治研究要綱》。

拾參、中國命運、喚醒國魂

(71)《大浩劫後：日本 311 天譴說》、《日本問題的終極處理》(72)《台大逸仙學會》。

拾肆、地方誌、地區研究

(73)《台北公館台大地區考古・導覽》(74)《台中開發史》(75)《台北的前世今生》(76)《台北公館地區開發史》。

拾伍、其他

(77)《英文單字研究》(78)《與君賞玩天地寬》（別人評論）(79)《非常傳銷學》(80)《新領導與管理實務》。

我這樣的分類並非很確定，如《謝雪紅訪講錄》，是人物誌，但也是政治，更是歷史，說的更白，是兩岸永恆不變又難分難解的「本質性」問題。

以上這些作品大約可以概括在「中國學」範圍，如我在每本書扉頁所述，以「生長在台灣的中國人為榮」，以創作、鑽研「中國學」，貢獻所能和所學為自我實現的途徑，以宣揚中國春秋大義、中華文化和促進中國和平統一為今生志業，直到生命結束。我這樣的人生，似乎滿懷「文天祥、岳飛式的血性」。

抗戰時期，胡宗南將軍曾主持陸軍官校第七分校（在王曲），校中有兩幅對聯，一是「升官發財請走別路、貪生怕死莫入此門」，二是「鐵肩擔主義、血手寫文章」。前聯原在廣州黃埔，後聯乃胡將軍胸懷，「鐵肩擔主義」我沒機會，但「血手寫文章」的

「血性」俱在我各類著作詩文中。

人生無常，我到六十三歲之年，以對自己人生進行「總清算」的心態出版這套書。

回首前塵，我的人生大致分成兩個「生死」階段，第一個階段是「理想走向毀滅」，年齡從十五歲進軍校到四十三歲，離開野戰部隊前往台灣大學任職中校教官。第二個階段是「毀滅到救贖」，四十三歲以後的寫作人生。

「理想到毀滅」，我的人生全面瓦解、變質，險些遭到軍法審判，就算軍法不判我，我也幾乎要「自我毀滅」；而「毀滅到救贖」是到台大才得到的「新生命」，我積極寫作是從台大開始的，我常說「台大是我啟蒙的道場」有原因的。均可見《五十不惑》、《迷航記》等書。

我從年青立志要當一個「偉大的軍人」，為國家復興、統一做出貢獻，為中華民族的繁榮綿延盡個人最大之力，卻才起步就「死」在起跑點上，這是個人的悲劇和不智，正好也給讀者一個警示。人生絕不能在起跑點就走入「死巷」，切記！切記！讀者以我為鑒！在軍人以外的文學、史政有這套書的出版，也算是對國家民族社會有點貢獻，對自己的人生有了交待，這致少也算「起死回生」了！

順要一說的，我全部的著作都放棄個人著作權，成為兩岸中國人的共同文化財，而台北的文史哲出版有優先使用權和發行權。

這套書能順利出版，最大的功臣是我老友，文史哲出版社負責人彭正雄先生和他的夥伴們。彭先生對中華文化的傳播，對兩岸文化交流都有崇高的使命感，向他和夥伴致上最高謝意。

台北公館蟾蜍山萬盛草堂主人　陳福成　誌於二〇一四年
五月榮獲第五十五屆中國文藝獎章文學創作獎前夕

目錄

書前——代序

民國六十九年十一月十七日，我與妻結婚當日就搬到公館地區，從此成為台北「公館人」，到今年正滿三十年，也是結婚三十周年。

我的讀書興趣極為廣泛，也因而形成寫作範圍也很寬廣，國防軍事到文史詩歌，翻譯小說到科幻創作。真是隨心思之所至，而捕住一網好料，便筆之於書，在文章世界中，自己是個無邊宇宙之主人，是個理想國之統領，真是不亦快哉！

近幾年，突然愛上地方誌。忖思自己在公館住了幾十年，未來也沒有搬家打算，便是在公館住了一輩子，於是想到書店找一本類似「公館誌」的書。奇怪的是，「上窮碧落下黃泉」，古往今竟無任一作家寫一本「公館誌」這樣的書，於是，我決定寫出歷史上的第一本「台北公館地區沿革史」，因為台灣有很多叫「公館」的地名，本書特指台北、台大校本部週邊一帶之公館地區。

關於本書寫作規範，雖非正式之學術研究論文，仍要遵守學術研究精神，「一分證據說一分話，沒有證據不說話」是重要的寫作原則，充份尊重讓歷史文獻「原件」說話。於是，本書會出現「大佳臘」、「大加蚋」、「大加臘」等不同書寫，但其實指同樣地方，意義也相同，此乃數百年變遷，口傳、耳聞、記錄所產生之差異。

公館地區數百年來也有很多大事，經整理成「台北．公館地區開發史大事記要年表」，列本書末。

本書完稿時正是我在台北公館住第三十年，也是與妻結婚三十週年，以本書為一個紀念。

陳福成　二〇一〇年冬草於台北公館萬盛山莊

第一篇

從大佳臘到台北市

台灣北半部的番社地圖（乾隆十年繪）

第一章
大佳臘時期台北盆地的開發

所謂「台北盆地」，一般界定在二十公尺等高線以下的平地範圍，面積二百四十三平方公里，盆底略呈三角形，其三個頂點正好是樹林、南港和關渡，包括今天行政區劃的台北市及汐止、五股、泰山、蘆洲、三重、永和、新店、新莊、板橋、中和、土城等區之平地。

台北盆地有三條主要河流，分別是大漢溪、新店溪和基隆河，然後匯聚成淡水河。三條支流加上主流剛好把遼闊的台北盆地，分割成四個平原：士林平原、台北平原、新莊平原、板橋平原。

在這廣大的平原上，古來散居著平埔族的凱達格蘭族人（ketagalan）分成二十多社（部落），約八〇〇戶，人口三千多人，這麼稀少的人住在這大片土地上，過著很自然（原始）的生活，多數地區當然是未開懇的原始狀態。

但，漢人入墾台北盆地，改變了這裡的一切，漢人開發台北盆地，最早推定在明萬曆年間。明末，唭哩岸已有漢人開墾，淡水河口八里坌即為登陸要津，漢人形成許多聚落，為防衛上的須要（因有很多原漢衝突），自然組成金包里堡、芝蘭堡（有一、二、三堡）、桃澗堡等，以利生存發展，但官方有正式文件紀錄者，是康熙四十八年（一七〇九年）七月，泉州人陳逢春，賴永和、陳天章三人最早獲官方墾照，開墾大佳臘地區。

所謂「大佳臘」（Touckunan），原是凱達格蘭族一個部落（社）的名稱，位於大漢溪與新店溪相會的淡水河北岸，最早叫「大佳臘社」，但漢人來後耳聞其名，以為就是指整個台北盆地，延用日久，清代官方文件稱大佳臘就指台北盆地，這是廣義統稱，狹義稱謂指今天的萬華地區，清代設大佳臘堡，至今仍有稱萬華一帶叫「加蚋仔」。

大佳臘，清代初期亦稱「大加蚋」，此一稱謂直到光緒的沈保楨奏准於台北建一府三縣，府名「台北府」，府治選定在大加臘堡，本文所稱大佳臘時期，約從清初到光緒初年，時程二百餘年，按開發先後，略分大佳臘初期、新莊時期、艋舺時期、大龍峒的堀起、大稻埕時期，以此五段落，簡說如後。

壹、大佳臘初期（明末到雍正末年）

清廷於康熙廿二年（一六八三年）平定台灣，翌年設台灣、諸羅、鳳山三縣，但政令所及僅限台灣縣（今台南）。且因政策消極，不欲拓土聚民，此時的台北盆地猶屬滿目荒服之年代，康熙三十六年（一六九七年）浙人郁永河抵北投採硫磺，他對台北盆地有許多詳實記錄，他所撰「裨海紀遊」記載：

> 鬼物未見有徵，然人至輒病者，特以深山大澤，尚在洪荒，草木晦蔽，人跡無幾，瘴癘所積，入人肺腸，故人至即病，千人一症，理固然也……
>
> 平原一望，固非茂草，勁者覆頂，弱者蔽肩，車馳其中。如在地底…蚊蚋蒼蠅，吮咂肌體……夜半猴啼，如鬼哭聲……水急廣，漶為大湖，渺無涯涘。

此時郁永河所見到的台北盆地，河水氾濫，一片汪洋外，僅散見大小番社而已。而郁水河所言「漶為大湖」，乃早在三年前，康熙三十三年（一六九四年）四月，台北盆地因大地震地層陷落，淡水河河水流入，整個盆地西北部成為湖泊，這就是有名的「古台北湖」。直到三十多年後的雍正年間繪製的台灣北部地圖（如右下圖），清楚的描述地震陷落的古台北湖。

淡水營圖：這幅雍正年間繪製的北部地圖，清楚描寫地震陷落的古台北湖，經三十幾年後還存在。

由於明鄭以來台灣的開發，先南後北，故早期到台北墾荒大多南部上來，有記載最早到台北盆地開墾的墾首是鄭維謙，他在康熙四十二年（一七〇三年）到達台北盆地。但因非官方正式核准，且人數又少，結果不了了之。

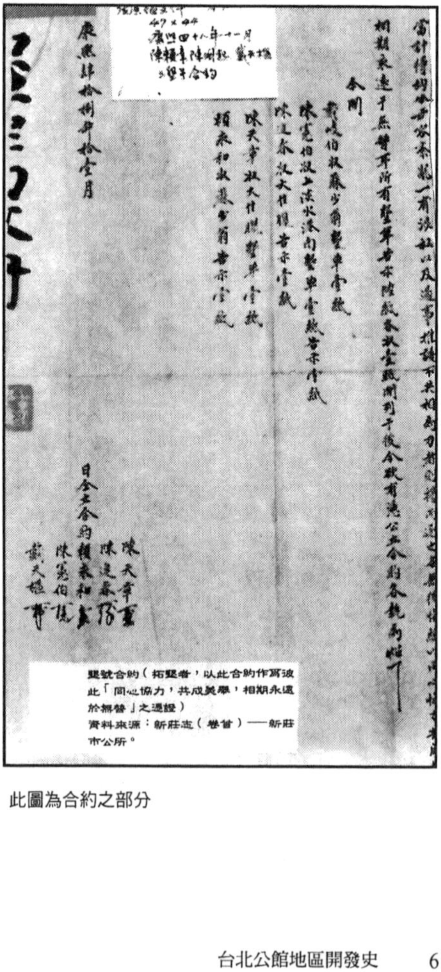

此圖為合約之部分

對後世影響最大，對台北盆地開發貢獻也最大的，是前文提到，陳天章、賴永和、陳逢春合股，得到官方批准的正式文件（如右圖），成立「陳賴章」墾號（三人姓名各取一字）。

按歷史記載，這個「陳賴章」墾號，從當時的住地諸羅縣（今嘉義）一路向北，經無數山水拔涉，二十天才走到台北盆地，他們依康熙政府允准的開墾範圍，東至大浪泵溝（今基隆河），北到關渡，西到興直山（觀音山）腳下，南到秀朗社（今中和，永和市），包括大浪泵溝以南的淡水河兩岸。這個範圍幾乎是現在全台北市的「黃金地段」了！

陳賴章墾號之後，另一個有規模的是康熙五十二年（一七一三年）核准的「陳和議」墾號，由墾首賴科、王謨、鄭珍和朱崑侯四人組成，他們獲准的開墾範圍是北投社附近（今士林北部地區）。

研究大佳臘初期台北盆地的墾拓，時在康熙、雍正兩朝，墾荒土地多在近水區，因為水田農作需要水，也因近水方便，尚未出現水利工程問題。在人力規模上，移民人數初期不多，聚落的形成較慢，大約到雍正末年，以陳賴章墾號為主的族群，才形成一個叫「大佳臘社區」的地方。

貳、新莊時期（乾隆元年到嘉慶初年）

台北盆地的西側（今新莊一帶），嘉慶時稱「興直莊」，當時已形成很大的漢人聚落，這片廣大的平地（含今三重、蘆洲），本來住著平埔族的武勝灣社族人。早在雍正五年（一七二七年）墾首楊道弘獲准到這片土地墾荒，他帶來不少移民。

乾隆初年，墾首胡焯猷與林作哲、胡習隆合組「胡林隆」墾號，獲准開墾今之新莊平原南部地區，拓地數百甲，得到極大成就，乃建觀音寺，名西雲岩寺，給新移民有精神寄託，晚年又建關帝廟。乾隆二十八年胡氏捐出自己的舊宅，創辦明志書院，又捐地百甲做為學田，這是北台灣的第一間學校。

約同「胡林隆」時，尚有墾首郭宗嘏成立「施茂」墾號，林秀俊成立「林天成」墾號，都在新莊一帶開墾。而另一個極有成就的是張士箱家族成立的「張廣福」墾號，他們從鳳山縣轉進北上到新莊平原，不數年農墾獲極大成就，乃又轉戰海運，專經營新莊與廈門兩地客貨商務。後來，張士箱的四個兒子都考中貢生，六個孫子中舉，一門六舉人，一時傳為佳話。

大約到乾隆中期，新莊是當時僅次台灣府城、鹿港，位居全台第三繁榮的市街。，張氏家族則為新莊首富。乾隆三十二年（一七六七年），巡檢（警察、稅務的組織）也從八里坌移到這裡，成立新莊巡檢。

此期間，雖說新莊已開發成台北盆地最繁榮的市街，其他地方也仍是「冒險家的樂園」。從各種證據顯示，大量移民湧入台北盆地，現今的艋舺、鼓亭（今古亭）、梘尾（今景美）、木柵、六張犁、三張犁、錫口（今松山）、大龍峒、八芝蘭、公館等地，已略具規模。此時期與前項「大佳臘初期」開墾方式不同，大佳臘初期墾地在近水區，尚未碰到水利工程問題。到乾隆時則必須向遠水地帶開墾，需要開圳道引水灌溉，如新莊有萬安陂大圳和永安陂大圳，其他如大坪林圳、瑠公圳和霧裡薛圳等，其中最著名也是對「公館地區」影響最大的，是郭錫瑠（一七〇五—一七六五）開創的「瑠公圳」，本書以專篇講述。

經漢人如此這般的勤勞、積極開墾，約到乾隆中葉，台北盆地已完全的「水田化」。

但能成為兩岸航運、農業及商務之重鎮者，正是最繁榮的新莊，乾隆五十四年（一七八九年），新莊再升等為「新莊縣丞」，掌控全台北盆地，是謂「台北行政中心」。惟好景不常，因大嵙溪（今大漢溪）上游沖刷下來的泥沙形成沙洲，使得大船不能靠岸。（當時新莊也是淡水河流域諸多內港中，最大的港口，海船能直接航行到新莊岸邊。）。於是，慢慢的，許多商業活動，兩岸重要貨物運輸等，逐漸轉移到艋舺，從此以後，淡水河南岸的繁榮，被東岸和北岸取代，直到廿一世紀的今天依然如是。

參、艋舺時期（嘉慶六年到咸豐九年）

「艋舺」亦作「蟒甲」，為原住民族語，意指獨木舟及獨木舟聚集之處，其地濱河而土地肥沃。最早的漢人和原住民交易主要土產為蕃薯，故艋舺最初形成的市街名叫「蕃薯市」，後改稱「歡慈市」。

艋舺，也是現在萬華的舊名，其最早形成市街在今貴陽街二段和環河南路一段交接處。在清代這裡可是天然良港，西、北均濱淡水河，南倚新店溪，三面環水，當時的大船可直接近入停泊。

但艋舺能取代新莊地位，也是經過幾十年的開發。這裡原住著「沙蔴廚」部落，康熙年間的泉州人「陳賴章」墾照，獲准開墾大加蚋地方，先在新莊，後移墾艋舺，泉州人來者日眾。

到乾隆初年，漢人墾區已擴大到東部，即今之松山、大安、南港、內湖，並向南部的景美、新店拓展。艋舺以水運的天然條件優越，成為台北盆地的貨物集散中心。到嘉慶十四年（一八〇八年），新莊縣丞移往艋舺，改稱「艋舺縣丞」，並將都司（軍事首長，明朝為省級，清代改四品武職，嘉慶政府能在艋舺設一「都司」，表示此處軍事地位的重要性。），改成水師游擊，兼管水陸弁兵。至道光五年（一八二五年），升游擊為參將，艋舺乃成北台灣之政經與軍事中心；而漢人入墾台北盆地，約在嘉慶二十五年（一八二〇年）前後，已完全「佔領」台北平原，原住民絕大多數已退居山區。

艋舺從此步入繁榮，咸豐三年（一八五三年）堪稱全盛時期。當時所稱「一府、二鹿、三艋舺」（府指台南、鹿是鹿港）。噶瑪蘭通判姚瑩在「台北道里」一書記載：

> 五里渡大溪至艋舺，途中山水曲秀，風景如畫，擺接十三庄在其東南，為北路第一勝景。艋舺居民鋪戶約四、五千家。外即八里坌口，商船聚集。

這是艋舺的繁榮，較之當時之竹塹（今新竹）係淡水廳所在地，其戶數亦不過二千戶左右。中國人不論走到那裡？發達後通常會蓋廟（不發達亦蓋小廟，發達更蓋大廟）此乃文化習俗使然。住於艋舺之晉江、南安、惠安等泉州「三邑人」，共同捐建的「龍山寺」，乾隆五年（一七四〇年）竣工，乾隆十一年「媽祖宮」亦告竣，乾隆五十五年泉州安溪移民，亦集資興建「清水岩祖師廟」。在中國傳統社會中，廟宇除了精神信仰外，幾乎也承擔「政經軍心」功能。

但好景亦不常，艋舺只維持約半世紀繁榮便走向衰落。其衰落原因比新莊更為複雜，歸納有三：第一是人為原因，泉州的三邑人（亦稱頂郊人），與同安和漳州的下郊人，發生勢力範圍衝突，雙方均不讓步，咸豐三年（一八五三年）雙方因碼頭力伕口角引發大械鬥。結果同安人慘敗，所居住的八甲庄被焚燬，其領導人林佑藻（有書寫「右」，可能筆誤）率族人退出八甲庄，舉族向北遷移，至奎母卒（後來稱大稻埕）重建新居，艋舺經這次大械鬥，元氣大傷。

第二是自然原因，三條河流（大漢溪、新店溪、淡水河）泥土沖積，使艋舺河岸日漸淤淺，大型船隻不能靠岸，航運商務乃告衰落。第三是人為和自然原因都有，原居住台北盆地的原住民被迫退入附近山區，在山坡地實施火耕、濫焚森林，加速河川之淤塞，對艋舺的打擊真是雪上加霜。

肆、大龍峒的崛起（康熙到同治）

大龍峒位於淡水何和基隆河交界處，其開發晚於艋舺，而較早於大稻埕。這裡原先住著凱達格蘭族的巴琅泵（Paronpon）部落，「諸羅縣志」作「大浪泵」，後又因與奎母卒社合併，改稱「奎泵社」，亦稱「雞泵社」。大龍峒開發雖晚於艋舺，卻是台北盆地歷史優久而古老的舊街區，至今仍散發古香古色的媚力。

按明末入據台灣的荷蘭人調查史料，一六四五年（明弘光元年、清順治二年）九月，巴琅泵部落有十八戶，七十二人。五年後（一六五〇年）增至二十五戶，八十人；再五年（一六五五年）的調查，減為十七戶，五十二口人，可能遷到別處所致。

康熙四十八年（一七〇九年），「陳賴章」墾號入墾大佳臘堡時，大浪泵即為重要墾區。康熙六十一年（一七二二年），御史黃叔璥巡視台北盆地，在他的「台海使槎錄」記載：「北港水路十里至內北投，四里至麻少翁，十五里至大浪泵，此地可泊船。」

乾隆初年入墾漢人日多，至乾隆中葉形成大浪泵庄，旋改稱「大隆同」。乾隆三十八年（一七七三年），有吳廷詰等捐建劍潭寺，府志稱「觀音亭」。惜因日據末期以太近神社為由，命令拆遷到大直竹子林。嘉慶十年（一八〇五年），大隆同之同安人集資建保安宮，主祀保生大帝；旋由王、鄭、高、陳四姓富商發起，在保安宮西側（今保安里、龍峒里之一部）興建舖房兩排，每排二十二幢，共四十四幢，出售給人營商，此即有名的「四十四坎」。這是大隆同最早市街，由此向四周發展，日趨發達。

前述咸豐三年艋舺大械鬥，戰敗者部份逃至奎母卒，部份來到大隆同，增加了大隆同人口和商務。發展到同治年間已是地靈人傑的世外桃源，再改名稱「大龍峒」至今。道光、咸豐後，此處碩士如林，鴻儒競秀，不分軒輊。同治年間，中舉人有六，秀才滿街，當時有「十步一秀、百步一舉」之說，可見大龍峒非僅虛名。

伍、大稻埕時期（咸豐元年到光緒元年）

當艋舺繁榮與大龍峒形成街肆，大稻埕仍是一片水田，而有一處公設曝稻之大埕（埕即場），約在今永樂戲院後至建昌街派出所之間，農民晒穀之用。

更早這裡住著平埔族「奇母卒」部落，或叫「奎母卒」（後又稱奎府聚），而台灣府誌記載「乾隆初年大稻埕被稱為奇武卒莊」。康熙初年只有少數漢人移民在大稻埕，至康熙末年開始有較多移民。

但大稻埕之開始有店鋪，始於咸豐元年（一八五一年）。林藍田自基隆移居大稻埕建店鋪三幢（今迪化街一段），店號「林益順」，從事與華北、廈門、香港之貿易往來。咸豐三年是關鍵，艋舺大械鬥後，林佑藻率族人播遷大稻埕重建市街，幾年間繁榮的新城竟超越艋舺；加以咸豐六年及九年，新莊亦發生漳、泉械鬥，泉州的同安人敗退，紛紛逃到大稻埕定居，大稻埕日益興盛，大商巨舖隨處可見，如「怡和鑽」、「復振行」。

咸豐六年，居民捐款在南街興建霞海城隍廟，同治五年（一八六六年）林佑藻等發起建媽祖廟「慈聖宮」。咸豐年間，大稻埕的海上貿易遠達寧波、上海、乍浦、天津等地，已成台北盆地的商業中心。乃至大稻埕周邊之郊戶亦日趨發達，經營福州、江浙貿易者稱「北郊」；跑泉州者稱「泉郊」（亦叫頂郊）；赴廈門者稱「廈郊」，總稱「三郊」。公舉林佑藻為三郊總長，凡事由總長裁決，並設三郊會館，對地方發展建設貢獻很大。

咸豐十年（一八六〇年）訂北京條約，闢台灣四口通商，外商紛紛來台，北部即以大稻埕為中心。直到光緒元年（一八七五年）十二月二十日，全島重劃行政區，增設台北府、淡水縣、恆春縣、新竹縣、卑南廳、埔里社廳、基隆廳，改噶瑪蘭廳為宜蘭縣。全島共分二府、八縣、四廳。

由沈葆偵奏准成立台北府，是台北盆地邁向現代化的起點（因電力由此開始），台北府、大稻埕和艋舺合稱「台北三市街」，這三地區也合稱「台北」。

大稻埕繁榮後也為招徠外商，在南區的建昌街（今貴德街）、六館街（今南京西路西端）

及千秋街（今西寧北路南段），興建兩層連棟洋樓，成立外僑區。後來，荷蘭、德國和美國，都在此設立領事館。約在光緒十六年（一八九〇年）前後，實為大稻埕發展之鼎盛時期。

當新莊、艋舺、大龍峒、大稻埕，逐一在台北盆地展現他的光華時，本章似未提及公館週邊地區或其他地帶。事實上，也都以不同規模在開墾發展中，如雍正時的「七股圳」，乾隆時的「瑠公圳」，都以灌溉公館地區水田為主，本書後有專篇論述。台北盆地其他地方亦然，前面講過大約到乾隆中期，台北盆地已全數水田化，可見漢人開墾之努力積極，難怪漢人成為全世界散佈最廣、人口也最多的族群。

第二章
台北府城

古今以來住台北的人何時才知道「台北」？何時才把這地方叫「台北」？而不叫「大佳臘」（或大加蚋）！可能很少人想過！

台北府城存在的時代雖只有短短的二十年，光緒元年（一八七五年）到光緒二十一年（一八九五年），但這是「台北」的誕生，也是關鍵性的二十年。故本章以下列各節，分述其始末。

壹、「台北」的誕生：何時「台北」才有現代意義？

「台北」，是由「台灣」和「北方」兩個概念，合組簡稱而來，但從那裡起算才是「北方」？在歷史上每個時代都不同，康熙二十二年（一八六三年），施琅平台，結束明鄭在台灣的廿一年「南明」時代。翌年，清廷設台灣府，隸屬福建省，下設台灣（今台南）、鳳山（高雄）、諸羅（嘉義）三縣。

當是時，人們對台灣島地理所知不多，把台灣縣（即台南）稱「台灣中路」，而今之台南佳里以北就叫「台灣北路」。直到十八世紀末（約嘉慶初年），人們才意識到今天的彰化、台中地區，才是正確的台灣「中」路。是故，以上所謂「北路」，並非台灣全島地理上的北部，而是文化、政治中心「台灣縣」以北的地區。

現代「台北」的誕生，仍可以追尋到「進化」的過程。第一、乾隆五十三年（一七八八年），平定林爽文事件後，史學家趙翼來到福建，才以新的眼光把台灣劃分成北、中、南三路。其次，來台任台灣海防同知、攝噶瑪蘭通判的姚瑩（約道光中期），主張北路副將移駐竹塹（今新竹），以便「中權淡水，南可以應彰化，北可以應艋舺、噶瑪蘭，惜未引上級重視與更動。第三、同治十年（一八七一年），「淡水廳志」以廳治竹塹為中心，把淡水廳轄區分淡北、淡南（或塹南），今之台北地區為「淡北」。到此時，「台北」的現代界定仍在孕育中。

「台北」一辭開始有明確的現代意義，源自同治十三年（一八七四年）三月二十二日，爆發琅嶠（恒春）「牡丹社事件」，欽差大臣沈葆楨於事後受命來台處理。他把台灣劃分為北、中、南三區，在地理、行政和軍備上，「台北」指的是「台灣北部」，不再是以彰化為中心的八掌溪以北地區。

光緒元年（一八七五年），沈葆楨有見於台灣地位的重要，須全面建設海防，以成東南七省屏障。而在台北方面，他擬議「一府三縣」，改噶瑪蘭為宜蘭，改淡水廳為新竹縣，艋舺設淡水縣，雞籠改基隆並設通判，總轄於台北府。府治設於艋舺，同年十二月獲得奏准。

台北府的成立使「台北」正式誕生，從此住在台北的人們，慢慢的習慣把這裡叫「台北」，稱「大佳臘」等漸漸減少。但此後「台北」也仍有許多變動，日據時改制「台北州」，光復後的「台北市」，都隨著時代在不停的變動。

貳、台北府城的興建與規模

皇帝可以一夜讓「台北府」誕生，卻不能使「台北府城」瞬間落成，而是經過十年，到光緒十年（一八八四年）十一月竣工，其規模如下頁圖，與大稻埕、艋舺合稱「台北三市街」。

按現在位置，其東畔今之中山南路，約長一三六七公尺；西畔今之中華路一段，長度略與東同。南畔今之愛國西路，長約一一三八公尺；北畔今忠孝西路，長約一一二八公尺。四週城垣以堅石砌為牆，城牆高約五公尺，厚四公尺，雉堞高約一公尺。

府城外環以濠塹，闢有五門及門樓。東門名景福門通錫口（松山），西門名寶成門通艋舺新起街（今長沙街），南門名麗正門通景美、新店，小南門名重熙門通艋舺八甲（今桂林路），北門名承恩門通大稻埕。東北兩門另建外郭，俗稱「甕門」，新建之府署及重要設施均在府城之內（如圖）。

整個台北府城歷經十年才竣工，原來台北府奏准設立，首任知府林達泉上任半年卒於官，第二任陳星聚，至此時台北府均暫設於淡水廳署（竹塹），即是說府治仍在新竹。光緒五年（一八七九年）閏三月，淡、新分治，台北府署才遷回台北府城內，並積極籌建台北府城，他算是首

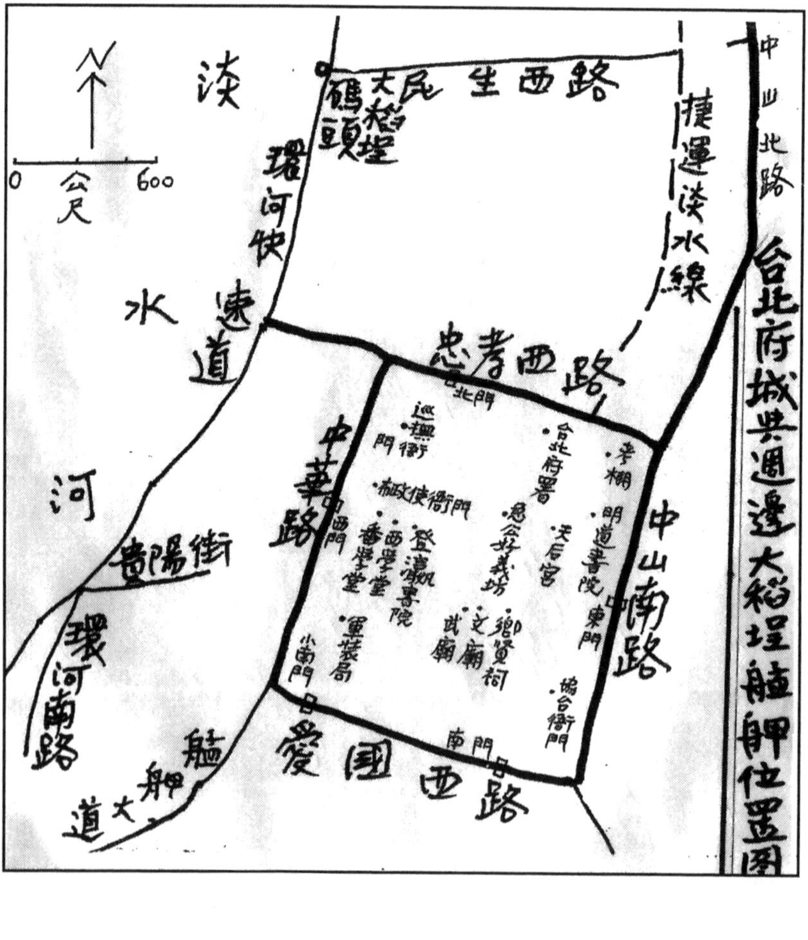

任「開府台北」的知府，也是與府城建設相始終而「勞瘁不辭」的知府。

光緒五年初，陳星聚決定之城基和街道，在艋舺和大稻埕間的大片水田上，土質鬆軟，乃先在預定城牆線上植竹以培土，計畫三、四年間土質固實能承受城牆重壓。築城經費先後以官民勸募，得二十餘萬兩。光緒七年，岑毓英任福建巡撫，巡視台灣防務後奏稱台北府「尚無城垣……不足以資捍衛」。不久岑升任雲貴總督，台灣防務改由台灣道劉璈主持，但他於光緒十一年五月十三日被彈劾革職。

建城籌款均不易，中間夾雜漳泉人歧見，終於在光緒十年十一月竣工。但台北府城能完工，林達泉和陳星聚二位知府居功至偉，前述台北府成立時府治仍在新竹，因當地紳商不斷建議台北府維持在新竹。惟林達泉堅持台北府之府治所在必須在台北，他發檄文通告稱「台北四山環抱，山水交匯，府治於此創建，實是收山川之靈秀，而蔚為人物……」以現代觀點看，林達泉之見仍合乎地緣戰略之原則。可惜他勞心於台北府城外，又要為當時征討原住民的防衛募兵、籌餉等，上任半年多便積勞成疾，病逝於台北知府。

接任的陳星聚積極規劃台北府興建，完工後鼓勵公正紳商，興建店舖商號，不數年功夫便與大稻埕、艋舺合稱台北三市街。但不幸，中法戰爭時法軍侵擾台灣，陳星聚協助欽差大臣劉銘傳，發動紳商籌募軍備，而台北府不過是個誕生不久的「嬰兒」。光緒十一年（一八八五年）中法議和後，陳星聚便因積勞成疾，病逝於台北知府任上。

參、台灣建省與台北府城的現代化起點

光緒十一年（一八八五年）九月五日，台灣建省，這天起台灣正式成為中國的一個省，至今而未改變；這也表示清廷從牡丹社事件和中法戰爭，體認到台灣對中國的戰略性影響。光緒十二年四月，督辦台灣事務大臣劉銘傳就任第一任台灣巡撫，先設總務處於台北府城。他在台灣進行很多現代化建設，如鐵路、郵傳、航運、軍備、電力等，無疑的，他在台灣現代化的起跑點上，用廿一世紀的眼光看當然是很「古老」的。單就台北府城而言，已是十九世紀末僅次於上海租界的近代城市，雖然光緒十六年（一八九〇年）八月二十二日，劉銘傳因豪強巨室中傷而辭職，但省會就從台中移來台北。從此，台北府城成為台灣之政軍經及文化之中心。

台北府城在建省後也有更多建設（前圖），如鐵路總局、郵政總局、番學堂、西學堂、

軍備局、機器局等。城內主要街道有府前街(今重慶南路)。府後街(今館前路)、府中街、府直街、撫台街(今博愛路及延平南路)。文武街、文武廟街、石坊街(今衡陽路)。又自光緒十四年(一八八八年),城內初設電燈,發電所設在撫台街,除巡撫衙門、布政使、機械局有電燈外,尚有西門街、新起街、北門及祖師廟有路燈。當時台北府城之有「電燈」,是全台灣之首舉,吸引很多中南部的人來參觀。

一八七〇年代愛迪生開啟電力的大門,到一九〇〇年全球已進入「電力應用」新時代,電力已是「國力」的基本要件,沒有電力,一切都免談了。

根據清末淡水海關稅務司馬士(H.B.Morse,英國人)海關報告原件,劉銘傳在光緒十一年(一八八五年),於台北府城修建行轅已安裝電燈。(註)

不管那一種推論,至少證明一八八五年台北府城的巡撫辦公室內已有電燈,這可能只是一種「實驗性」。因為又隔三年,府城內的其他地方才開始有電燈。

劉銘傳另一重大建設構想,是建全省鐵路南北幹線,為此他在台北成立鐵路總局。可惜他離職太早,光緒十七年大稻埕到基隆竣工,光緒十九年台北到新竹亦竣工,繼任者邵友濂

註——但劉銘傳是在光緒十二年四月就任台灣巡撫,故推論修建行轅時,他尚未到台灣;另一推論,因中法戰爭時(光緒十年)劉銘傳人已在台北守備,戰後仍負責駐台籌辦善後,直到就任巡撫,行轅裝電燈他曾親自指導。)

上任竟以工程艱鉅，奏請清廷停工。又隔兩年，台灣割讓日本。

劉銘傳在台北還有一項開創性記錄，他設計了台灣第一座水力發電廠，即「龜山電廠」（在新店）。按台電公司出版「台灣電力百年史」和台灣省文獻會編「台灣省通志」所述，皆說劉銘傳已計劃建龜山電廠，且已完成設計案。日人據台後，循著劉銘傳的設計繼續推動，而完成台灣第一座水力發電廠。

第三章
從台北州到台北市

一八九五年日本佔領台灣後，一切軟硬體必有重大改變是可預知的。次年首先將全台改為台北、台中、台南三縣及澎湖一廳。不久，又改為六縣三廳，並設「辦務署」為下級行政機關，台北縣統轄十三辦務署，（如圖），其署治所在於今之台北市內。

當然，清代所建之台北府城是保不住了，城垣、城郭及部份重要建築都被拆除。如現在我們所見二級古蹟台北市中山堂（見第二章圖照），就是清代「布政使衙門」。一九二八年日人為紀念其日皇裕仁登基，並作為施政事業的重要建設，拆除布政使衙門，原址興建「台北公會堂」，於一九三六年十一月二十六日竣工完成。一九四五年對日抗戰勝利，於

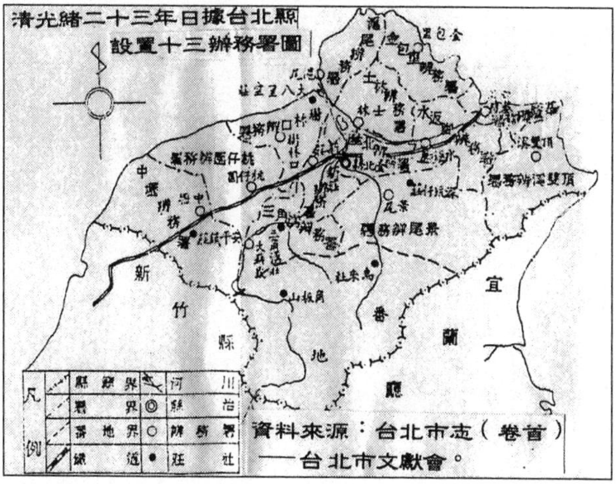

二樓舉行受降典禮，而後更名「中山堂」。這是一棟重要建築的「前世今生」，吾人目前所見已非原樣。

一九〇一年（光緒二十七年）廢縣置廳，設台北廳，至宣統元年，艋舺．大稻埕，大龍峒和古亭四區，均直轄於台北廳。

民國九年（一九二〇年，大正九年），再廢廳置州，設台北州，下轄二市（台北市、基隆市），九郡（淡水、基隆、七星、新店、海山、文山、宜蘭、羅東、蘇澳），幾乎北台灣均在台北州範圍內。「台北市」在這年誕生，全市戶數有四二三九〇戶，總人口一七一〇〇二人。

再隔兩年，民國十一年四月，廢市內原有中式街庄名，改用日本式之町名，分全市為六十四町及十村落。民國二十七年（一九三八年，昭和十三年）三月，擴展台北市區，劃七星郡、松山庄歸台北市管轄，這是台北市在日據時代行政範圍上大致的沿

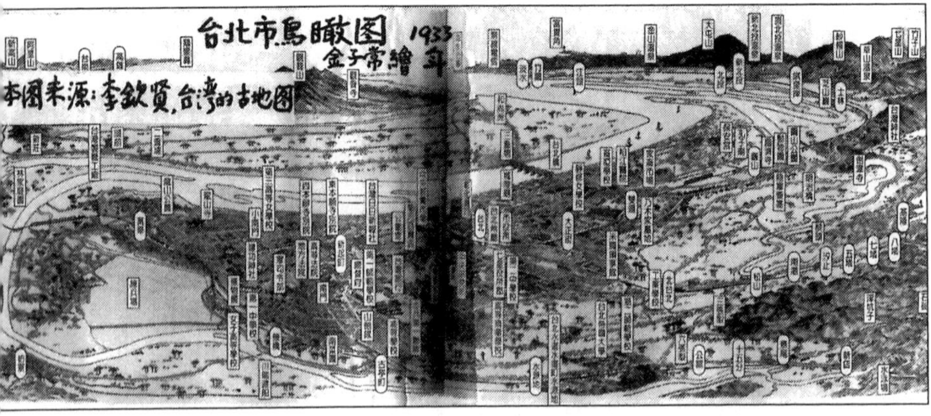

革。

近數百年來，日本之不斷侵略鄰國，源自傳統的擴張主義，織田信長（十六世紀中葉）時代構想「假道朝鮮征服中國」，繼起的豐臣秀吉提出統合「日中朝鮮」成一個統一的大日本國，因而爆發朝鮮七年戰爭，慘敗而歸，史稱「第一次侵華戰爭」，而甲午戰爭乃「第二次侵華戰爭」，清廷戰敗，台灣割讓日本。

日本之佔領台灣，有「工業日本、農業台灣」的既定政策，同時成為「南進基地」之準備。對整個台灣，或單就一個台北州，當然須要合乎時代的各項基本建設，這方面相信已有很多研究，亦非本書論述重點。

僅就本書探討的核心問題「公館地區開發」，或非單為公館而與公館相關之建設，重要者有四：

一、萬新鐵路；

二、台北預備火力發電廠（在今公館圓環附近）；

三、水源地淨水場（供給全台北市用水）；

四、創立台北帝國大學（台大前身）。

以上四項可謂日人在公館地區的四大建設，四者之中以台大對公館的影響最巨大而深遠，試想台大若不在公館，則公館的繁榮、光彩、地位，將會減少多少？

日據時代台北有三條鐵路與郊區連接。首先是縱貫鐵路出台北車站後，經松山、南港直駛基隆。其次以台北車站為起點，經圓山的淡水線。第三即本書要詳述之萬新鐵路，以萬華為起點，經公館到新店的新店線。

居於殖民統治的需要，居於大日本國擴張（侵略）政策的需要，最要者是「南進政策」，準備向南洋擴張，決定在公館地區建「台北帝國大學」。一九二八年初創時只有文政、理農兩個學部，學生不過六十人。其後再擴展為文政、理、農、醫、工等五個學部，學生增加到三八二人，絕大多數是日本青年，台籍生獲准入學者如鳳毛麟角。如今，已是台灣地區第一

鳥瞰台北市，圖中斜切的路線即著名的三線道路。（本圖來源：李欽賢，台灣的古地圖）

本圖來源：李欽賢，台灣的古地圖

這是台北帝國大學（光復後改台灣大學）建校之初，大門口的場景。當時瑠公圳（左下黑塊）尚未加蓋，大門口一片荒涼，但台大的存在對公館地區的繁榮，產生決定性的影響。（本圖來源，高麗鳳總編輯，新世紀台北思想起，上冊，原台北市文獻會提供。）

最高學府，師生數萬人，比很多小國家的總人口還多。

但是，對本書主述的公館地區古今發展史，有更重要的意義，乃至全台北市也有重大影響。因為台大存在公館，對公館地區之商業繁榮、文化氣息、教育品質，甚至人口素質，都有很高的正面價值。對公館而言，真是「天上掉下來的禮物」，更是千載難逢的良緣，有台大使公館更美麗、更有氣質。

民國三十四年十月二十五日，日本駐台總督在台北（今中山堂二樓）簽署了降書，台澎於割日後五十年，終於重回祖國懷抱。台灣省行政長官公署也立即在當天任命黃朝琴，為台北市首任市長，十一月一日成立台北市政府，是台灣光復後成立的第一個地方機關。

民國三十五年二月，台北市重劃市區，廢止日據時代小區制，將全市分為城中、延平、建成、大同、中山、松山、大安、古亭、龍山、雙園等十大區。

民國三十八年，中央政府遷台，三十九年四月，台灣省政府公布「台灣省各縣市實施地方自治綱要」，同年十一月首屆民選市議會成立；四十年元月，吳三連當選首任民選市長，地方自治至此向前邁出一天步。

民國五十五年時，台北市人口已達一百一十七萬餘人，已成全台政治、經濟、文教中心，更是國際性大都會，行政院於是決定台北市改制為直轄市。五十六年元月成立「台北市改制籌劃小組」，五月十六日奉總統核定，七月一日起改制直轄市，高玉樹被任命為首任直轄市長。

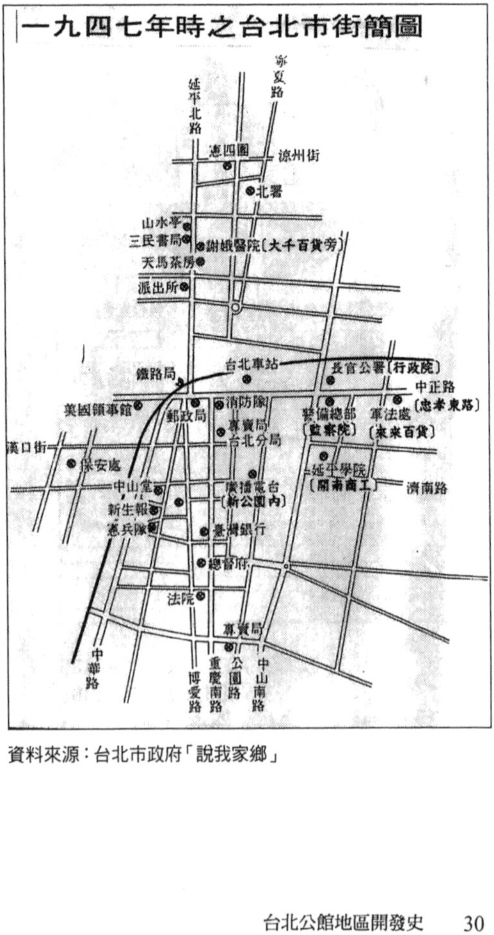

資料來源：台北市政府「說我家鄉」

新改制的直轄市在行政區也有不同，斟酌自然形勢及台北水源需要，以淡水河、新店溪為界，將原屬台北縣的北投、士林、內湖、南港、木柵及景美六鄉鎮，一併劃入台北直轄市。經歷二十多年的變遷發展，民國七十九年三月，再將市區調整為十二區：

東區：松山、信義、南港、內湖。
西區：萬華、大同、中山。
南區：文山、大安。
北區：中山、士林、北投。

城市行政區劃原本就隨著時代變遷，各種功能的需要，而不斷進行改制。查民國九十九年的台北市民手冊，台北市仍維持十二行政區，但人口和繁榮程度，想必年年都在成長。

本篇可謂是台北市的前世今生，從明鄭時代到清光緒人們叫大加臘，滿清建台灣省使「台北府」誕生，我們才有「台北」的現代概念。接著是日據的台北州到台北市，光復後又從省轄市到直轄市。

當然，了解台北市的前世今生，是為本書以下各篇所要談的主題「公館地區古今史」，提供大環境解說。

第二篇

「公館」古今沿革史話

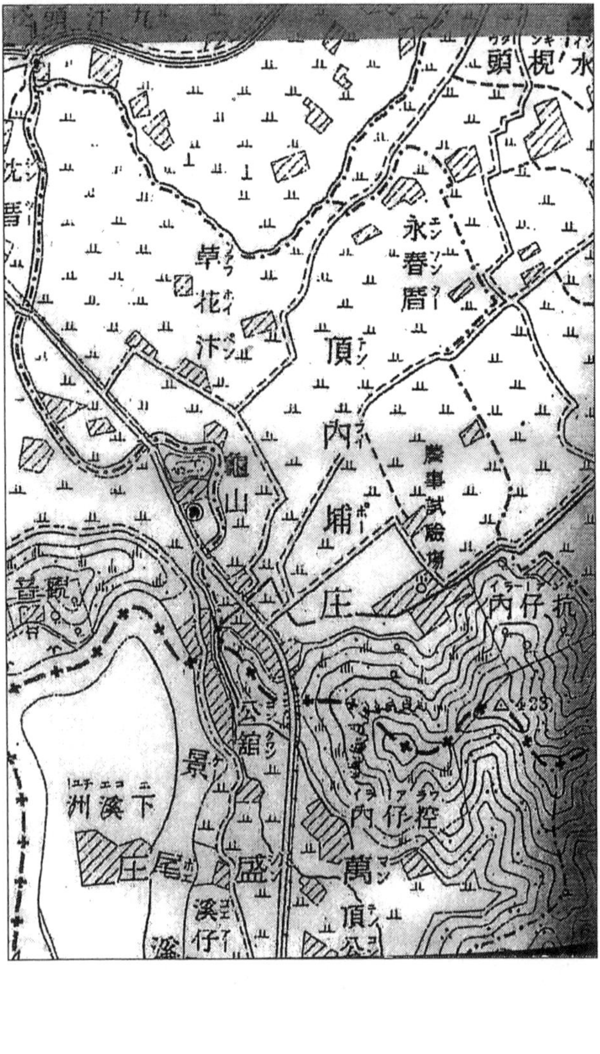
永春厝
頂內埔
農事試驗場
下溪洲
433

第四章
公館地名的由來，那裡是「公館」？

台灣有很多地方叫「公館」，據查知，在台中、苗栗、屏東等地，也有叫「公館」的地方，且都和數百年來的漢人移民墾拓有關。

公館附近古地圖（資料來源：楊松翰主編，解讀台北82個密碼。）

據程大學編著「台灣開發史」一書所述，現在的台大公館一帶，在明永歷（一六四七年—一六六一年），至清康熙（一六六二年—一七二二年）年間，已有泉州人何姓開墾田地，並建屋貯存租穀，故以「公館口」名之。另有一說，先民在此地區開墾時，為防番人出草，曾在公館水源地、蟾蜍山腳派壯士屯住守望，為公館名稱之由來。

由台大所出版的「解讀台大的82個密碼」一書，提到兩種緣由。第一種認為古地圖（如下），將公館一地之名標示於蟾蜍與觀音山間的隘口。（注意，八里和五股交界也有觀音山。）其背景要追溯到康熙年間，福建省泉州府安溪人至此墾拓，時常和原住民發生衝突，但官府鞭長莫及，無力保護人民，人民乃自設公館來執行自治和自衛等工作。故公館的本意，指的是一處為防衛南方屈尺原住民的公共事務館，此地最早移民是陳、林、張、李等各姓為主。

第二種說法認為，因龜山旁的林宅（看前圖，現為台大第二學生活動中心、水源市場前。），是早期移民墾首收佃租的公廳，故便將該屋周圍地區稱為「公館」。

以上諸種說法，似乎都有些道理，假如以上是「口頭傳述，那麼進而找到根據，使口說又有「白紙黑字的證據」，我們就更清楚明白了。

「公館」二字出現在地圖上，如本章所示「光緒五年淡水縣圖中的公館庄」、「公館附近古

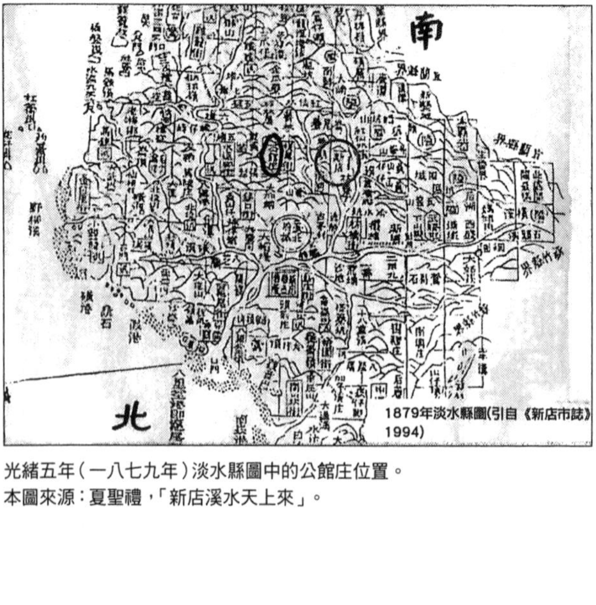

光緒五年（一八七九年）淡水縣圖中的公館庄位置。
本圖來源：夏聖禮，「新店溪水天上來」。

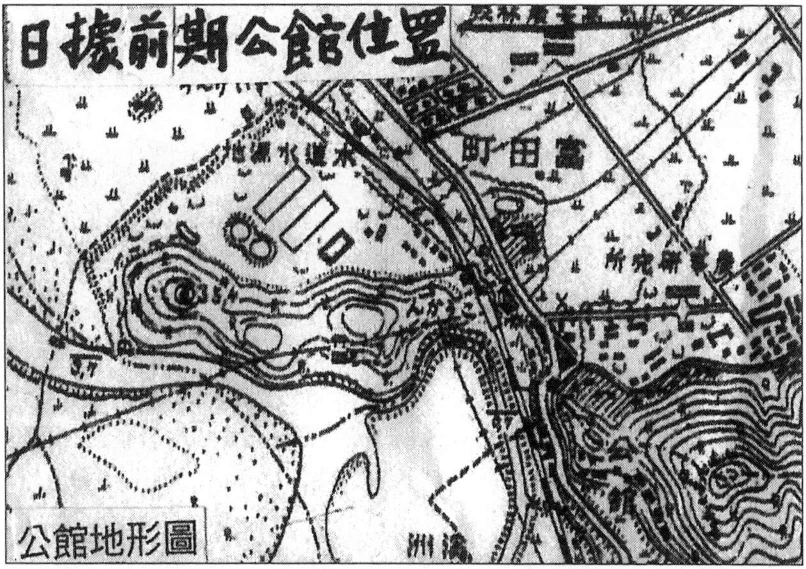

本圖來源：楊松翰主編，解讀台大的82個密碼

地圖」和「日據時期公館位置圖」三種。

回顧本書第一篇的大環境背景，光緒元年（一八七五年）十二月二十日，台灣全島重劃行政區，共分二府、八縣、四廳，北部設台北府、淡水縣、新竹縣、宜蘭縣和基隆廳，開啟台灣新的建設時代。到光緒五年能製作如此詳細地圖，也算有進步和有效率了。惟方向南上北下，可能清庭的製圖官地圖知識不足使然。但至少公館庄、新店、台北府城等相關位置已有顯明標示。

「公館附近古地圖」年代不詳，但按圖文判斷應是一八九六年前後，因圖中的「頂內埔庄」、「萬盛庄」、「永春厝」等地名仍按中文習慣，但旁邊加了日文，「公館」二字已清楚標示。

羅斯福路四段一一九巷，古早叫「下公館」，因繁榮成街，曾經是「公館街」。

第三張「日據前期公館位置」，雖未標示年代，但按圖上標示建物和地名，不難考證其年代。本圖右上有「高等農林校」一橫排小字，即是「台北高等農林專校」。據台大建築與城鄉研究所「台大管有殖民時期建物及宿舍調查研究報告」，一九二五年（民國十四年、日大正十四年），時任台灣總督伊澤喜多男編列了「帝國大學創設準備費」的預算，以當時富田町台北高等農林學校的校地為基礎，興建校舍。

經三年準備，一九二八年（民國十七年、日昭和三年）三月三十一日，隸屬台灣總督府的高等農林學校正式廢校，而台北帝國大學則正式開始招生，高等農林學校改為大學的附屬農林專門部。

所以，這幅「日據前期公館位置圖」的年代，必是一九二八年大學成立之前。高等農林學校創設於一九一九年，一九二二年才正式升格為「高等農林學校」，是故，該圖存在的年代是一九二二到二八年之間。

接下來要研究的，是「公館」在那裡？或那裡才是「公館」的問題！現在大家都似乎本能的知道「捷運公館站」或公車的「公館」，不就是公館嗎？幾乎已是一個不夜城的熱鬧商圈。但若回憶數百年來本地區之沿革發展，發現原來的「公館」並非現在的公館！而「公館街」也不在公館！真是奇妙的事。

首先比對前面「公館附近古地圖」和「日據前期公館位置」兩圖，公館位置在溪州和蟾蜍山之間，約是萬盛街至萬福國小一帶（捷運公館站以南一公里的羅斯福路兩側。這是光緒年間到台北帝國大學創建前，公館的位置。）

現在的羅斯福路四段一一九巷，古早時代是唯一通往文山的道路，這整條巷子叫「下公館」。日據時期因開設農事試驗場，後又修建台北到宜蘭道路的需要，將公館路段西移，道路才拓寬些；下公館因是交通要道，兩側有雜貨店、肉攤、麵店、藥房、剃頭店、市集等，久而久之繁榮成街，人們也習稱「公館街」。這條公館街隨著時代演變，慢慢不成街，和羅斯福路有關，一九〇七年（光緒三十三年、明治四十年）之前，羅斯福路還是一條小徑，四週全是水田；

公館街一景，福德宮顯得古舊。

之後拓寬為車道，公館街（下公館）日趨清冷。

但現在的台北市地圖中（二〇一〇年為準），正式的「公館街」在羅斯福路五段一七〇巷旁邊，只有約二百公尺長，住戶門牌只編到五十號，一號臨近羅斯福路，五十號接到萬福國小旁。筆者到此攝影，並拜訪當地長老，都說祖媽時代這裡就叫「頂公館」，而師大分部一帶叫「下公館」。

再查相關史料，按高麗鳳總編「台北思想起」下冊，公館街和溪仔口庄是文山最早開發的地區。嘉慶十七年（一八一二年）設拳山堡時，曾將公館街獨立為一庄，範圍涵概今日所有萬字頭的里，老一輩人還是叫「頂公館」。

以目前台北市地圖，「公館街」在羅斯福路五段一七0巷旁，老一輩習稱「頂公館」，是最早的「公館」，街內有福德宮。

不論頂公館、下公館或公館街，都曾因時代因緣而興盛繁榮，又因另一個時代來臨而沒落，真是緣起緣滅。隨著台北帝國大學（光復後改台灣大學）創立，台大竟也產生「磁石效應」，吸納週邊地帶的人氣和財力，逐漸形成「新公館市街」。

如今只要說「公館」或「台北公館」，大家都知道是那裡？捷運公館站下車就到公館了。

第五章
公館的行政隸屬和範圍

吾人研究公館地區數百年來的開發史，發現行政隸屬上變遷很大。在歷史上，公館曾經隸屬過拳山堡、文山郡、文山堡、古亭庄、淡水縣、大加蚋（大佳臘）堡。光復後更是經過多次行政區重劃，目前（二〇一〇年）則分屬中正、大安及文山區。

自有「公館」以來，公館從未是一個獨立的行政區，從最早的康熙年間，有福建泉州府安溪縣移民，形成「公館聚落」（在前內政部、台大尊賢會館一帶）；到現在儼然一個小型都會區，但仍不是一個獨立的行政區。

在民國四十七年「台北縣文獻委員會」編印的「台北縣志稿」，「疆域志稿」卷有如下記載：

清代有台，康熙二十二年，應羈縻於諸羅縣，雍正元年，隸淡水廳淡水堡，後隸拳山堡，光緒元年，隸淡水縣拳山堡。

另按「淡水廳志」記載，一八四一年（清道光二十一年）的戶口清冊，拳山堡是當時十一堡之一，到同治年間，拳山堡有十四庄，而拳山堡正式設立，是嘉慶十七年（一八一二年）。

「拳山」又在那裡？「鯤島探源」（林衡道口述、楊鴻博整理）（柒）書中說，拳山又叫文山，清代是艋舺、大稻埕、台北府城和附近地區，一些文人墨客中秋賞月的好地方。每到中秋夜，很多文人攜酒、佐菜、文旦、零食等，呼朋引伴，在月下吟詩歌唱，當時是有名的風景區。拳山向西斜傾延伸到新店溪的溪邊，與對面不遠的觀音山，兩山都插在新店溪畔，風景秀麗。

在公館「寶藏巖」寺的入口，目前仍有三塊「奉獻」碑，背面有「昭和十四年」記，正面科「文山郡聯合男女青年團」。

查數百年來公館一帶古地圖，拳山在康熙、乾隆時稱「拳頭拇山」，之後又叫拳山和文山，現在的地圖都標示「蟾蜍山」。日據到光復後，為開拓羅斯福路，蟾蜍山被「切割」三次，老一輩人說，蟾蜍叫了三天三夜。羅斯福路在光緒三十三年（一九〇七年、明治四十年），由一條小徑拓寬為車道，民國四十四、五十四年左右，又有二次拓寬。

民國九年（一九二〇年、大正九年），日人設台北州，下轄有二市九郡，深坑支廳和新店支廳合併成文山郡，為台北州九郡之一。

光緒元年（一八七五年），建台北府，統轄大加蚋堡二十二街庄，其中龍匣口、古亭、崁頂、加蚋仔、林口（水源地）、頂內埔等，部份公館地區都納入了。直到光復後，這些街庄都歸屬古亭區。民國七十九年，古亭區又和城中區合併成中正區。

但公館地區最重要的一塊「寶地」，是古稱「內埔庄」的地方，即以後台灣大學大部份的校區，分別在下章講述。

至於「公館地區」範圍，是另一個不易確定的問題，甚至說始終是一個「模糊空間」也不為過。但本書之主述即是「公館地區」開發史話之研究，當然需要針對主題有適當的界定。除前述各章論說外，尚有三個方向做為界定公館地區範圍的參考。

第一個是瑠公圳灌溉系統，最重要（被認定最大的貢獻），就是在公館地區。清同治十年（一八七一年），「淡水廳志」裡有這樣記載：

> 瑠公圳（又名金合川圳），在拳山堡，距廳北一百二十里，業戶郭錫瑠鳩佃所置。其水自大坪林築陂鑿石穿山，引過大水梘溪仔口，再引至挖仔內過小木梘，到公館街後拳山

麓內埔分為三條：其一由小木梘至林口莊及古亭倉頂等田，與霧裏薛圳為界；其一由大灣莊至周厝崙等田，水尾歸下陂頭小港仔溝；其一由大加蚋東畔之六張梨、三張犁口過直至車罾、五分埔、中崙前後上搭搭攸等田，水尾歸劍潭對面犁頭標，入北港大溪。灌溉田一千二百餘甲。

記載中的內埔、大灣和林口，就是現在的公館地區。據研究地方誌的學者（莊華堂、尹章義），認為郭錫瑠對台北平原的開發，尤其公館一帶，有很大的功勞，可是對新店幾乎沒有。這是很大的「吃味」。另按程大學編著「台灣開發史」所記，雍正末葉，由先民周永清發起，招七人開「七股圳」，主要灌溉古亭、公館、下內埔、大安、芳蘭等地，後來瑠公圳再擴大灌溉範圍，但主要仍是在公館地區。

第二個方向是從公權力的勢力範圍來考察。各級政府公權力所及，表示相當程度的管轄權，例如

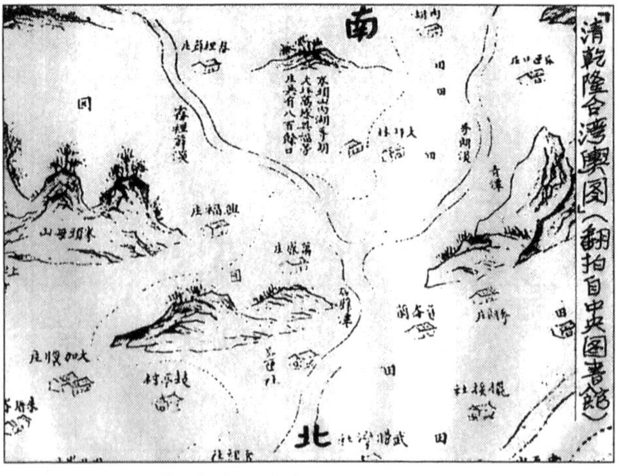

本圖來源：夏聖禮，「新店溪水天上來」。

台北市政府不能管到高雄市的任何事務領域，中國也不能管美國人的事務。但凡事有例外，如雙方的合約或共識等。

公館附近最早的開發者，是客家人的墾首廖簡粵（疑為墾號），卻因「地險番兇」而失敗，新店溪北岸的開發是先北後南，從古亭、公館，再發展到木柵、景美、新店等地。到乾隆五年，墾首郭錫瑠欲開圳灌溉台北盆地水田，仍因「地險番兇」而作罷。此「番」有的學者認為是泰雅族原住民，有的認為是平埔族中的凱達格蘭，但無論如何開發碰到困難要解決。

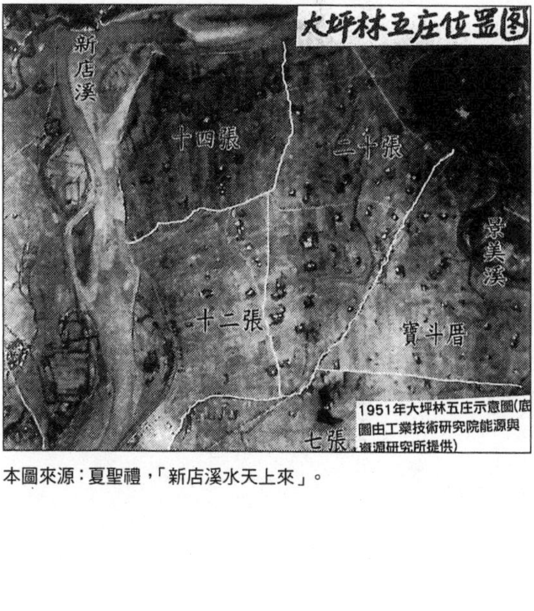

1951年大坪林五庄示意圖(底圖由工業技術研究院能源與資源研究所提供)

本圖來源：夏聖禮，「新店溪水天上來」。

滿清政府不得已在乾隆二十二年（一七五七年），派軍隊駐公館地區，並設「官庄」（如右頁圖萬盛庄、福興庄都是），進而促成「大坪林五庄」的建立。關於「大坪林五庄」歷代地方誌都有記載（下圖），源出乾隆三十八年（一七七三年），有「大坪林五莊仝立公訂水路車路合約」，其中契約所載「批明五莊公立合約五紙」，分恭、寬、信、敏、惠為記。其收存人是：

恭字十四張庄朱舉、吳德昌、陳朝誇收存；

寬記二十張庄蕭妙興收存；

信記十二張庄曾鎮收存；

敏記七張仔庄王綸收存；

惠記寶斗厝庄江龍、林棟材收存。

由上可知，所謂「大坪林五庄」，是十四張、二十張、十二張、七張、寶斗厝五庄。這五庄之能順利開發建立，公館駐軍產生很大的影響，畢竟「番」如何的兇，也不是軍隊的對手吧！(註)研究這段歷史，是要解釋公館駐軍的公權力已涵蓋到大坪林五庄，但若我將大坪林五庄便視為「公館地區」，似乎也太「無限上綱」。至少，因駐軍的存在，公館範圍可以向南延伸，應無疑義。

第三個方向是一九二一年通車的萬新鐵路，在公館地區有四個站：古亭（古亭町站）、水源地站、公館站和十五分（萬隆站）。關於萬新鐵路，在後面專章講解。

綜合前面各項歷史因素，考量時代變遷諸多更替，以及目前行政區劃，本書將「公館地

註——「番」和「蕃」、「莊」和「庄」，歷代史書多所混用，本書視為同義，不變更原參考書用字。

區」界定如下圖之範圍內。

最南到捷運萬隆站東西之線，最西到新店溪東畔，最東到自來水事業處南北之線，最北到溫州街與和平東路交叉（和平東路以南）。此一範圍正是文山、大安及中正三區之樞紐，中永和通往北市東區南區要衝，乃至台北市往新店、烏來郊區必經要道，早年更通往台灣後花園（東部各縣市）。此所以公館地區能繁榮，下章便按文山、大安及中正三區，略說公館地區各庄、村、町之古今沿革史話，也讓活在廿一世紀的公館地區子民，知曉自己的來源和祖先開拓的艱困，而能珍惜現有並發奮圖強。

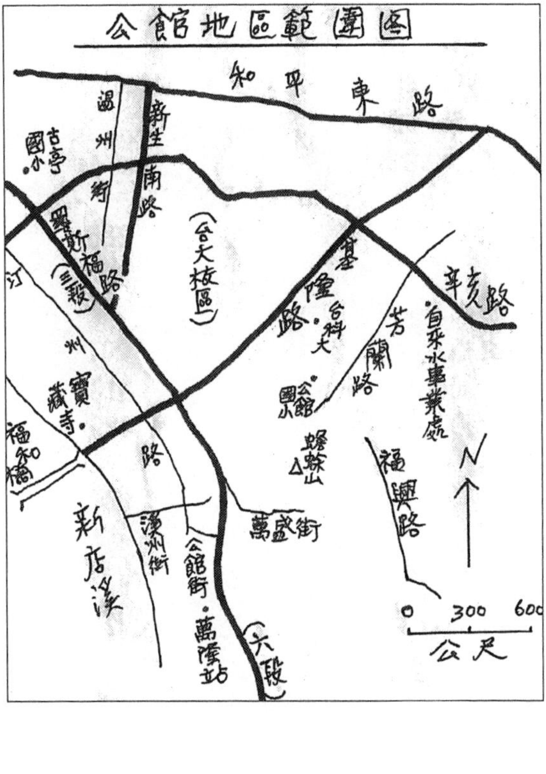

第六章
公館地區各庄村沿革史話

目前公館地區位於文山、大安和中正三區之間，而文山區可納入公館地區範圍，有萬盛村和興福庄；大安區主要是內埔庄，其次龍安陂；中正區有古亭庄、林口庄水源地、八號公園預定地、公館車站、觀音山寶藏巖寺。

壹、文山區公館地區村庄簡史

・萬盛庄

清乾隆時在公館駐軍，並建立的官庄就是萬盛庄和福興庄（看第五章清乾隆台灣輿圖）。乾隆二十五年（一七六〇年），余文儀「續修台灣府志」，記載為萬盛庄，隸屬淡水廳淡水堡，今公館街和溪仔口是此時形成的聚落。日據時，萬盛庄隸屬台北州文山郡，光復後併入台北縣深坑鄉，萬盛庄下有景美、景南、景行和萬盛四村，民國三十八年，萬盛村改隸景美鎮萬盛里，至今仍是文山區萬盛里。

・萬盛街

萬盛街原來只是一條「圳邊小路」，談不上「路」，只是「圳岸」，水圳加蓋後，才成為路（街）。原來瑠公圳自興隆路一段，流到現在花卉市場邊建有小橋，過橋再延萬盛街（蟾蜍山北麓）流向公館。在萬盛街與羅斯福路五段接口，設有水閘為當門（或斗門），故此地土話叫「當門頭」。清朝時稱萬盛街一帶叫「挖仔內」，大多是林口庄（水源地）移來的周氏族人。

「當門頭」的水流有一支流，流向現在的師大分部一帶農田，主流當然是流向公館，蟾蜍山邊的人行道下就是瑠公圳。

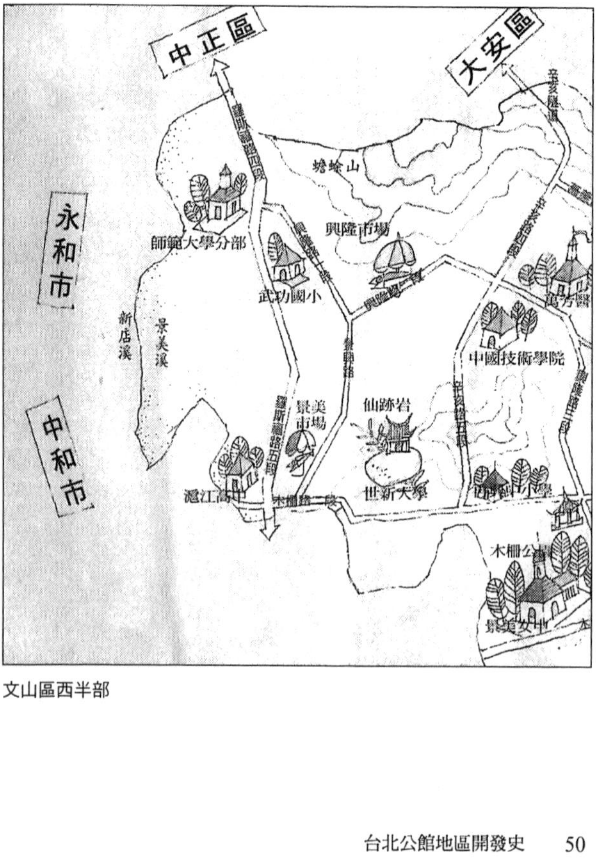

文山區西半部

・萬隆三塊厝與興福庄

乾隆中葉，高、張、林三姓族人，合力開拓溪仔口庄後分家，林姓家族手捧愛妾林氏夫人像，移居今萬隆地區，又和周、陳兩姓族人墾拓新生地，稱「三塊厝」，約在今之萬有里一帶。日據時代建萬新鐵路，在三塊厝設「十五分站」，因興福庄又叫「十五分庄」。但若要細分，現在興隆路二段一帶，古稱「十五分內」，而把萬隆這邊叫「十五分口」，光復後景美設鎮，這一帶成為萬隆里。再往後，捷運通車，萬隆捷運站三號出口的羅斯福路五段二一一巷，有萬隆集應廟，就是往昔林姓族人所建。

・溪州仔

清代時下公館有小路通街仔尾（今羅斯福路四段二〇六巷），再到景美渡船頭（今師大分部）。日據時，新店溪淤積，出現兩大沙洲，其中的下溪洲部份與景美相連，有一小溪分隔成半島狀，後來小溪乾涸，連成很長一塊新生地，當地人叫「溪洲仔」。據現在萬盛里里長徐福進先生回憶，他父親那一代還能從溪洲仔乘渡船，前往木柵頭廷（今動物園一帶）。

下公館在日據後被併入頂內埔庄，並設立養蠶所，後又改為富田町，光復後荒廢很久。直到民國六十四年九月師大分部設立。早期頂公館和下公館之間，有三、四間店鋪，故名「半路店」。

‧文山第一街：公館街

公館街現在是一條窄短的巷弄，除不多的住戶，其他行人也不多。頂公館福德宮包夾在公寓大廈間，而街底就是八十年七月創校的萬福國小，之前校地仍是染布廠和竹林。不論環境如何變遷，公館街曾是文山第一街，仍健在。

貳、大安區公館地區村庄簡史

大安之古名，最早見於乾隆六年（一七四一年）劉良璧，他所重修「台灣府志」，記載淡水廳淡水堡轄有「大灣庄」。按地方耆老所言，瑠公圳在東北角今大安、松山兩區交界，形成一個大灣曲，習稱得名。直到光緒元年（一八七五年），設台北府，文獻上第一次出現「大安」之名。

據民俗學家林衡道所述，大安庄亦稱大安寮。最早的移墾者是福建泉州安溪縣，大安寮意指「偉大安溪人的住宅」。至雍正末年有文山堡萬盛庄的周永清，召集墾民修圳灌溉古亭村、下內埔、大安等村庄，乾隆時瑠公圳完工，公館一帶主要灌溉區是下內埔庄。

・內埔仔庄

大約現在的台大校本部、基隆路兩側，清代都是內埔仔庄範圍。乾隆二十五年（一七六〇年），余文儀「續修台灣府志」，記載淡水廳大加蚋堡各村庄，首次出現「內埔仔庄」。依地理位置，內埔仔庄又分頂內埔和下內埔，光緒十一年（一八八五年）台北成為省會，首任台灣巡撫劉銘傳進行土地清丈，當時頂內埔和下內埔登錄為兩個庄頭。（看第四章「公館附近古地圖」），大約今基隆路近公館地區為稱「頂內埔庄」，辛亥路以外的基隆路兩側叫「下內埔庄」。

宣統二年（一九一〇年、日明治四十三年），日人在內埔庄設桑苗養成所，四年後改成養蠶所，並在蟾蜍山和龜山（今台大第二學生活動中心西側）之間，設大範圍之農事試驗

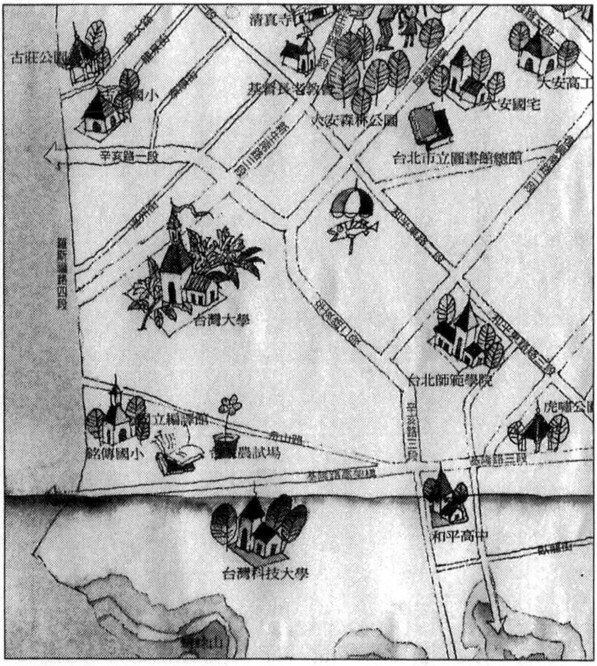

大安區西部

場。不久，改街庄為町，頂內埔庄改稱富田町。

民國八年（一九一七年、日大正八年），日人在頂內埔（即富田町）創設高等農林學校；民國十七年（一九二八年、日昭和三年），又廢高等農林學校並在原址創設「台北帝國大學」（後來的台大）。另將高等農林學校併入台大附屬農林專門部，至民國三十一年又獨立遷往台中，光復後改制為中興大學。

原日人之養蠶所，光復後由農林處接收，改蠶業改良場，至民國六十六年五月遷至苗栗公館鄉，翌年在原址設公館國小。

・保甲路到舟山路

今台大校園內的舟山路，是台北市政府於民國六十年新建基隆路，其三、四段接上福和橋，至六十二年才正式改名叫舟山路。之前到清朝，舟山路是頂內埔庄的保甲路，以福建永春籍陳姓為大戶，其居落稱永春厝。

宣統元年（一九〇九年、日明治四十二年），客家廖姓族人頂讓下內埔庄三二七番地的陳厝，其他尚有王、顏、鄭等各姓族人，這一帶是十足的田園風光。光復後仍是一條石子路面，民國四十七年，市公車一路行駛萬華經羅斯福路、舟山路到六張犁，是光復後第一條民營公車路線，五十二年才舖上柏油。

但舟山路早在民國四十年代已劃入台大預定地，故此後數十年逐漸減弱舟山路功能，至民國八十九年正式成為台大校園的徒步區。舟山路沿線有美麗的景點，本書在相關章節一併呈現。

・芳蘭三塊厝

在公館地區，最古老的古蹟是寶藏巖寺，其次是「芳蘭三厝」，民國七十八年芳蘭大厝和義芳居，公告為市定三級古蹟，本書後面公館古蹟一併詳述。

・九汴頭

現在的溫州街一帶，在清代不僅是瑠公圳重要灌溉區域，也是水圳設施重要地帶。瑠公圳自景美、萬盛街，由南向北一路過來，到今溫州街、辛亥路、新生南路交會處，分成九條支流，分別灌溉大安庄農田，每一支流都有一閘門，叫「九汴頭」，那一帶的小地名也常習稱九汴頭。筆者親自到溫州街做現地調查，在四十五巷、四十九巷仍可看到部份遺跡，詳見第四篇照片和詳說。

其他如龍安陂庄頭，在今建國南路和復興南路間的和平東路二段上，屬大安庄村落。大安森林公園在清代泰半是板橋林本源家族所有，日據時劃入七號公園預定地。這兩個地方因部份靠近公館，在清代至日據，也因灌溉系統的整體性，當成公館地區的一部份。但今天則已不視為公館地區一部份，可能辛亥路開建被隔開了。

參、中正區公館地區村庄簡史

•「鼓亭」與「古亭」

古亭區之名由古地名「鼓亭庄」而來，鼓亭庄初建於明末，為鄭成功部屬周阿戶率族人闢建，到清乾隆年間已粗具規模。

「鼓亭」命名的由來，大多認為防止原住民來襲，設鼓亭，一有動靜立刻擊鼓警告村人，類似現在的警報系統。但「鼓亭」並非設在「古亭」，而是設在拳山（蟾蜍山）、觀音山一帶，這是合理的軍事防衛思維。故公館曾是鼓亭庄的一部份，光緒元年（一八七五年）台北建府，統轄大加蚋堡二十二街庄，其中龍匣口、古亭、崁頂、加蚋仔、林口、頂內埔等庄，光復後皆歸屬古亭區。

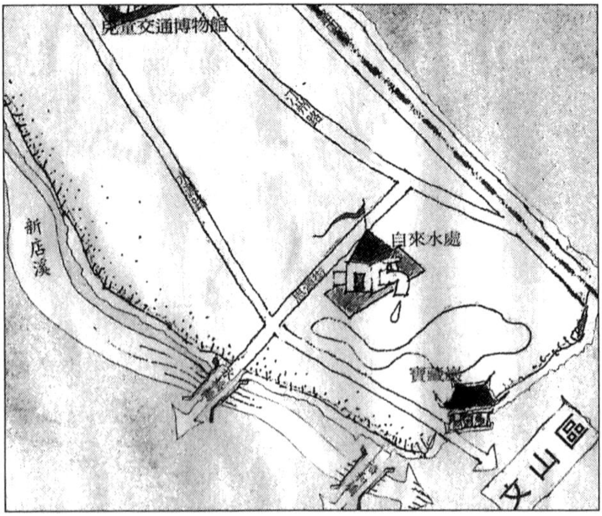

中正區南側

・林口庄水源地

早在明末清初，位於原公館三軍總醫院大門口聖靈廟附近，有一小小聚落名林口店仔。至康熙中葉時已形成林口庄，主要有廣東廖姓族人墾拓，乾隆時有福建安溪人大量移入，再後成為瑠公圳灌溉區。日據時期，林口庄是台北的水源地和文教區，這種屬性至今未變，這裡仍叫水源里，重要設施有豐富「水」的意象，如自來水博物館、公館淨水場等。

・八號公園預定地

民國二十一年（一九三二年、日昭和七年），日人訂立「大台北市區計畫」，在水源地劃設八號公園預定地，總面積近六十公頃。當時日人僅使用三公頃，做為跑馬、習武、競技的場所。民國四十四年的都市計劃仍保留公園預定地，其後供三軍總醫院、國防醫學院、螢橋國中等使用。往後數十年中，都市計畫變更，縮減八號公園預定地並做他用，如古亭河濱公園、兒童交通博物館、思源街上的國宅。

現在的公館早已取代了頂公館、下公館或公館街的地位，成就「公館不夜城」，這是數百年各種因緣和合所形成。公館位於台北市區東西向和南北向之要衝，台大在此創建，萬新鐵路在公館地區設三站（也說四站），全台北第三古寺寶藏巖亦在公館（均後章詳說）。

第三篇
公館最有名的古蹟

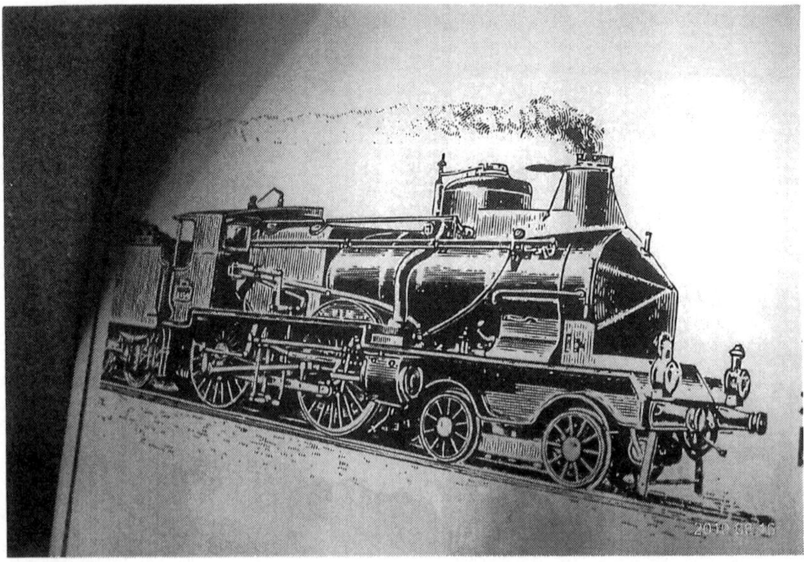

行駛萬新鐵路的火車

第七章
公館地區最早的精神守護者：寶藏巖

在清代中葉之前期，公館、台大地區應已住了很多人，尤以漢人已大量移入，有中國人的地方必有佛寺或其他精神信仰之廟宇。寶藏巖就是此時期創建起來，為當時純農業社會的地方居民守護神。

可以想像那時的公館地區，當然還沒有台大、羅斯福路、基隆路、捷運及各種現代建築。只有美麗的田野風光，阡陌縱橫，有溪（新店溪）迤邐於西，一定也有白鷺鷥在覓食，溪中有各類水生生物，沒有污染。

當然，漢人和原住民（凱達格蘭族）可能有不少衝突。但衝突都能化解，各自安居樂業，這時人需要有「神」，做為精神依託，故有寶藏巖之創建。

從公館圓環西側福和橋邊，汀州路三段二三〇巷走入，不到五分鐘便將熱鬧繁華丟於身後，眼前就在溪畔看到另一個寧靜的世界。「寶藏巖」三個金色大字，已在眼前，心中不自覺的開始淨化、淨化。

民俗學家林衡道先生口述、楊鴻博整理「鯤島探源」第七集，提到公館有一座古寺叫「寶

從公館圓環邊的汀洲路三段230巷25弄走進，不到五分鐘就看到寶藏巖。

寶藏巖內一景

藏寺」，原名石壁潭寺，又曰寶藏岩，俗稱觀音亭。因面臨新店溪的山寺門外，就有斷崖絕壁，故叫石壁潭寺。

一個吉日良辰，我來到這座古寺門口，凝望後面的觀音山。門口立有三個四方形石柱，古樸的三排大字「昭和十四年二月建立」，每一石柱後分別有刻字，隱約可見「奉獻　文山郡米穀統制總會」、「奉獻　文山郡男女青年團」、「奉獻　文山郡庄役場□□」有二字年久不清。寺廳內寧靜祥和，數位信徒正向神明祈禱，我亦合十謨拜。右左兩門各有對聯，很有啟示意義。

觀照十方法界以無求不應
音聽九界眾生而有感皆通

福蔭聯庄千戶萬門凝淑氣
德垂合境五方百姓見春風

寺旁風景亦佳，山雖不高，卻曲徑通幽，樹蔭障日，鳥語花香，北側是水源地（也是公館有名古蹟）。於是，我慢慢追蹤探尋寶藏巖的沿革發展，這是公館最古老的人文史蹟。

公館地區在清代屬拳山堡，拳山又叫文山，日據時期稱文山郡。康熙廿年（一六八一年）拳山一帶信徒創建這座叢林道場，崇祀觀音佛祖。乾隆五十六年（一七九一年）復擴建東西廂殿，均係地方善士郭治亨（後出家）捨其山園，與康公合建。其事在台北市佛教主要寺院志略第二章「寶藏寺志略」，及「淡水廳誌」均有記載，惟年代久遠，不夠詳盡。

寶藏巖內牆壁有游大川的立碑。

前述地方志另也記載，乾隆五十二年（一七八七年）有吳慶三等捐建石壁潭寺。郭治亨子佛球，後來也出家為僧，父子墓尚在寺旁；其女九歲死於地震，鬼輒夜哭，祀之乃止。山壁有游大川香田碑記，乾隆五十六年立門，拱獅象山，蒼翠可掬，依山看溪，景色秀麗。

寶藏寺於道光三年（一八二三年）重修，增祀文昌帝君、關聖帝君、註生娘娘、佛祖、天上聖母、城隍等，均屬中國民間信仰諸神佛。民國二年改稱寶藏寺，五十七年恢復原名寶藏巖，六十二年各界善德發起重修，六十三年政府核定為國家重要古蹟。

寶藏巖的歷代主持法師有：「開山法師郭治亭、林妙元、浣潭常、釋德馨，僧佛球、寶珠仁、媚峰巒、怡清明、泉參化，許晉成，許九黨、康當家、胡氏德對、鄭寬儀、陳春貴、林淑汶、修振、王火地、宏德。以上多位法師中，釋德馨在日據時期在基隆月眉山靈泉寺，當過多年住持。靈泉寺乃大陸福州鼓山湧泉寺之衣缽，屬於曹洞宗，故往昔有人認定寶藏巖也是曹洞宗系統。（林衡道，鯤島探源，第七冊。）如今人事變遷，曹洞宗色彩已淡薄了。

寶藏巖創建至今（二〇一〇年），已近三百三十年了。想像三百多年前，我們的公館地區祖先在這裡拜觀音、佛祖諸神。現在信徒早已廣佈古亭、景美、木柵、新店、中和、永和、松山、萬華等地區，香火旺盛長明。

寶藏巖門牌前的老獅子

民國八十五年為維護以合古蹟標準，內部整修煥然一新，香客也多了。按「寶藏巖史略」記，三百多年來奉祀的主神除前述外，尚有四大天王（增長天王、持國天王、多聞天王、廣目天王）、十八羅漢、地藏菩薩等。這是否反應著不同的時代背景，人們須要不同的神！這當然是一種世俗的觀點。因為即然叫「寺」，就應是佛教（正信的），與所謂「中國民間信仰」是不同的，寶藏巖奉祀諸神已是「佛道相融」了。

按林衡道所述（鯤島探源第七冊），台北市五座最古老寺廟，分別是第一古老北投唭哩岸慈生宮，明永曆十八年（一六六四）創建，供奉神農大帝。第二古老也是北投的關渡宮，康熙年間創建，供奉媽祖。第三古老便是公館的寶藏寺，第四老是古劍潭寺，第五老中和市霹靂宮（俗稱雷公廟，現屬台北縣行政區）。以上五古廟，後四者都創建於康熙年間，這有特別的歷史意涵。

因為康熙年間，漢人開發台北地區，只能控制到溪流附近一帶，再深入就會與生番發生衝突。所以當時創建的寺廟都在水邊，並有其他功能，平時供旅人住宿，而當聚落受到安全威脅時，可做城堡防衛。

事實上，在早期移民時，不僅漳、泉聚落常有械鬥，更要防備番人來擊。公館以南地區曾被形容「地險番凶」，可見早期漢人移民打拼多麼辛苦，公館僅存的古宅「義芳居」亦有「銃眼」，是一種結合軍事防備的民宅是為明證。

寶藏巖因為是公館地區最早的佛寺，或許「先到先佔為贏」，早期有很多廟產，包括現在的水源地、原三軍總醫院一帶，都稱「觀音仔地」。但日據以後，廟地不斷被征收他用，如今只剩百坪。

信徒規模也大不如前，往昔每到祭典重要節日，農曆二月十九日、六月十九日、九月十九日及四月八日，分別是觀世音菩薩誕辰、得道、出家及佛祖萬壽，多達十六庄信徒都到寶藏巖迎請金身供奉。同時舉行慶典、演戲，熱鬧非凡，現在似乎安靜多多。

為寫本書，我多次走訪寶藏巖，與附近居民閒聊（打探訊息）。據聞龍山寺乃由寶藏巖分靈出去，這恐怕已無從查證了。

第八章

萬新鐵路公館地區各站

在公館地區發展沿革史中，萬新鐵路也是重要的歷史記憶，但現在也僅是老一輩人（約民國四十八年左右以前出生才有記憶）的回憶，五十歲以下乃至年青一代，更是「莫宰羊」！

偏偏有關萬新鐵路的實體實物，老早拆光光、丟光光，只剩一些圖照或紀念碑。我仍想喚醒一些回憶，讓地方曾經有風華文史記錄，再鮮活一次！

壹、關於萬新鐵路

民國十年（一九二一年、日大正十年），萬新鐵路正式開始通車營運，由台北鐵道株式會社經營，單線通

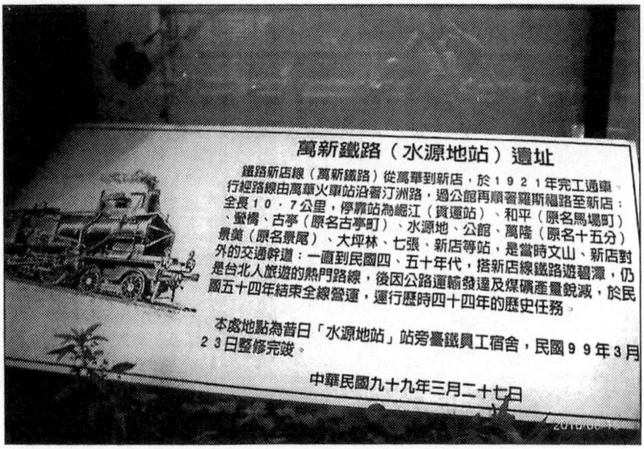
萬新鐵路（水源地站）遺址
鐵路新店線（萬新鐵路）從萬華到新店，於1921年完工通車，行經路線由萬華火車站沿著汀洲路，過公館再順著羅斯福路至新店；全長10．7公里，停靠站為綠江（貨運站）、和平（原名馬場町）、螢橋、古亭（原名古亭町）、水源地、公館、萬隆（原名十五分）景美（原名景尾）、大坪林、七張、新店等站，是當時文山、新店對外的交通幹道；一直到民國四、五十年代，搭新店線鐵路遊碧潭，仍是台北人旅遊的熱門路線，後因公路運輸發達及煤礦產量銳減，於民國五十四年結束全線營運，運行歷時四十四年的歷史任務。
本處地點為昔日「水源地站」站旁臺鐵員工宿舍，民國99年3月23日整修完竣。
中華民國九十九年三月二十七日

車，客貨兩用。

貨物方面主要有木材、甘庶（大坪林是主要甘庶農場）、煤礦，當時日本國策構想以台灣為跳板，入侵南洋，這些是重要軍需物資。

乘客則各類人都有，但台大創設後，增加很多上班族和教職員。其他，如文史學者夏聖禮記述，各式人都有，穿草鞋、打赤腳、戴斗笠、穿簑衣的人來來往往；也有跑單幫的，挑著碗盤、鍋爐，來補鼎或賣雜貨的，那是一種時代特有的風景，過了時代就沒了。

以萬華起站，新店為終點站，全長十點四公里。最初八站（萬華、螢橋、水源地、公館、十五分、景尾、大坪林、新店）；之後又增加，最多時為十二站（萬華、堀江、和平、螢橋、古亭、水源地、公館、十五分、景尾、大坪林、七張、新店）。

新店開往萬華

車次／站名	混(52)	機(2)	機(4)	混(54)	機(6)	機(8)	混(56)	機(10)	機(12)	混(58)	機(14)	機(16)	混(60)	機(18)	機(20)
新店	上午 6.30	7.25	8.20	9.15	10.05	11.05	下午 12.25	1.25	2.40	3.30	4.20	5.15	6.00	7.10	8.00
七張	33 34	28 29	23 24	18 19	08 09	08 09	28 29	28 29	43 44	33 34	23 24	18 19	03 04	— 13	— 03
大坪林	37 38	32 33	27 28	22 23	12 13	12 13	32 33	32 33	47 48	37 38	27 28	22 23	07 08	16 17	06 07
景美	43 × 46	38 × 40	33 × 36	28 × 31	15 × 21	18 × 20	38 × 40	38 40	53 × 55	43 × 46	33 × 35	28 × 30	13 15	22 23	12 13
十五份	49 50	43 44	39 40	34 35	24 25	23 24	43 44	43 44	58 59	49 50	38 39	33 34	18 19	26 27	16 17
公館	54 × 56	48 50	44 46	39 41	29 31	28 × 31	48 50	48 × 50	3.03 05	54 × 56	43 45	38 40	23 25	31 × 33	21 × 23
水源地	59 7.01	52 53	48 50	44 46	33 34	33 34	53 55	52 54	07 09	59 4.01	47 48	42 43	28 29	35 36	25 26
古亭町	— 05	57 58	54 55	50 51	33 37	38 39	59 1.00	58 59	13 14	05 06	52 53	— 47	— 33	— 40	— 30
螢橋	08 × 11	8.00 × 02	× 57 9.01	54 × 56	41 × 43	41 43	03 04	2.01 03	16 × 18	09 × 11	55 × 57	49 × 51	36 38	42 43	32 34
萬華	17	07	06	10.02	49	48	10	08	23	17	5.02	56	44	48	39

◎注意　第(61)(20)列車行駛期間每年自六月一日起至同年九月底止

本表提供人：詩人 麥穗

萬新鐵路的軌距（1067mm），火車頭都是蒸汽車，一般人習稱「五分仔車」。客運車頭拉三節車箱，貨運拉的較長，還有一種只拉一節的單節車箱，是遊客專用的「機動火車」。筆者所蒐集相關圖照均請參閱。民國五十年四月十日發售的一張水源地到新店站，車票價是台幣一元五角，可見當時的物價水平。

歷史發展似乎是很無情的，任何時候不需要了，便很快被作廢。隨著台北市到景美、新店，乃至通往烏來或東部地區，有新的願景，也為配合人們所需新功能的需要，約民國四十九年政府開始有拆除萬新鐵路的計畫，五十四年三月二十六日正式拆除，至四月七日，全部拆除完畢。

萬新鐵路誕生於一九二一年，終年一九六五年，「得年」四十四歲，算是短命，但他完成了地區的階段性使命。

約是鐵路拆除前，民國五十三年，台北到新店的快速公路已經動工，五十五年春節完工。公館圓環經萬隆到景美路段，拓寬為四車道，部份是原來鐵路用地，而公館以北則鐵路變汀州路。

鐵路新店線的車票，從票價可以窺見當時的物價水準。（照片提供：廖守義）（翻拍自：楊松翰主編解讀台大的82個密碼）

再往後三十年，四線道公路又不合人們所需，另一種叫「捷運」的交通工具上路。未知到廿一世紀下半，或廿二世紀，何種玩意兒在此為人們服務。

貳、萬新鐵路公館地區四站簡述

・古亭站

在日據時期，古亭站屬於川端町轄區內，於民國十七年（一九二八年，日昭和三年）八月二十日，設「乘降場」，民國四十一年才改稱古亭站。其位置約在今汀州街和同安街附近，也有說在河堤國小（汀州路二段一八〇號）一帶，總之距此不遠。

古亭區在日據時有川端國民學校（光復後改螢橋國小），當螢橋國小尚未設立時，臨近公館一帶的小朋友，都是乘萬新鐵路火車到景尾公學校上學。

水源地車站。與台大正門相遙望。水源地站的售票口拆除後，現在成為都市建築空間的一小處廣場，位置在羅斯福路3段316巷20號門前。（攝影／洪祖仁）（照片提供人：台大，路統信）

停靠在水源地車站新店線列車。後方小樓房是鐵路員工宿舍。位於羅斯福路3段284巷口與汀洲路3段155號南側。現存遺跡廢置許久，古樹濃蔭，荒煙蔓草。（攝影／洪組仁）（照片提供人：台大，路統信）

・水源地站

水源地一帶，清代是新店經公館進入台北之門戶。日據時因台北市自來水廠設於此地，水源地方成地名，水道町涵蓋今之大學、國校、林興、林德、嘉禾、水源、富水、文盛等各里。一九二一年元月二十二日鐵路通車時，設水源地乘降場。

水源地站是典型的市區內小火車站，只有上下班時人較多，大部份為學生和教職員。水源地站的位置，在原三軍總醫院（公館）的急診室斜對面，汀州路三段和羅斯福路三段二八四巷的交叉角上。今（民99）年三月二十七日，設立一座遺址紀念牌（金屬的，見照片）。

・公館站

鐵路通車時公館設「公館驛」，其詳細位置

萬新鐵路公館站。圖片來源：夏聖禮，新店溪水天上來。年代判斷約通車不久所照。

有二說，一說在今東南亞戲院和福和橋頭間而較近戲院；次說在福和橋頭與師大分部門口而較近橋頭。按「公館」的歷史沿革，以第二說較正確，因為頂公館較先繁榮，今之公館為較晚繁榮起來。

民國五十年十一月一日，公館站由三等站降為簡易站，由水源地站管理。誰知道今天的公館站，已是全台北市南區的「戰略要站」，地位日愈重要。

・十五份站

十五份站的位置，在今景隆街和羅斯福路五、六段分界交叉口的萬美大樓前。該大樓原是儲煤場，煤礦由景隆街的輕便車，把永豐、新益、德豐三大煤產量，全都集中在此，待由火車運出。

「十五份」之名，乃此地最早開發者林氏族人十五位堂兄弟，從父祖輩承接今公館到十五份土地七十五甲，他們合力懇成良田，後來分家，土地也分成十五份，因而也成地名。

萬新鐵路設十五份站，只是一個簡易站，貨運為主，未設售票亭，旅客乘車都上車補票。民國四十四年，十五份站改稱萬隆站。

後註——

1——麥穗，本名楊華康，浙江餘姚人，一九三〇年出生，少年時即來台北至今，為當代著名詩人。

2——路統信，河南商丘人，民國十六年生，三十七年考入台大哲學係，又轉森林系，一生從事林業工作。以上二位長者在公館地區活動一甲子以上，他們是活的公館史，本書多方面請益二位。

萬新鐵路公館站現在位置（師大分部和福和橋頭間）。

第九章

火力發電廠、水道水源地和古厝

本章所講的是公館地區已消失或正在消失的古蹟，它們於某一時空存在公館。曾經輝煌一時，成為公館地區重要地標。然而，現在只剩兩棟被市政府列三級古蹟，實際上處於荒廢狀態的古厝仍見原貌。其他不是已完全消失，就是正在消失或原貌已變。

壹、公館「台北預備火力發電所」

世界上第一個發電所，是愛迪生一八八一年在紐約建造的火力發電所。

光緒十四年（一八八八年），台灣巡撫劉銘傳

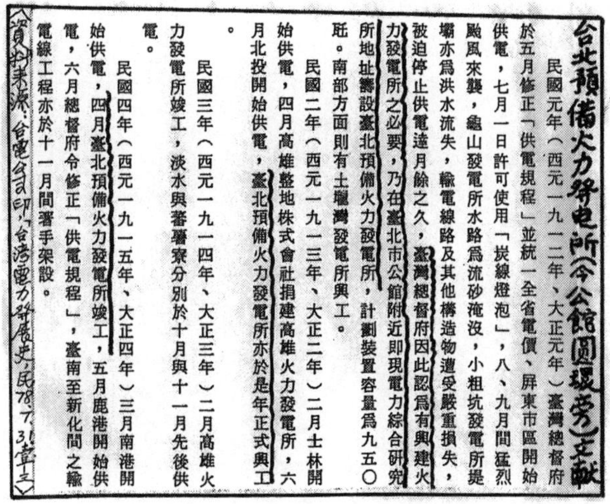
台北預備火力發电所(今公館圓環旁)文献

民國元年（西元一九一二年、大正元年）臺灣總督府於五月修正「供電規程」並統一全省電價、屏東市區開始供電，七月一日許可使用「炭線燈泡」，八、九月間猛烈颱風來襲，龜山發電所水路爲流砂淹沒，小粗坑發電所提塌亦爲洪水流失，輸電線路及其他構造物遭受嚴重損失，被迫停止供電達月餘之久，臺灣總督府因此認爲有興建火力發電所之必要，乃在臺北市公館附近即現電力綜合研究所地址籌設臺北預備火力發電所，計劃裝置容量爲九五〇瓩。南部方面則有土壠灣發電所興工。

民國二年（西元一九一三年、大正二年）二月士林開始供電，四月高雄整地株式會社捐建高雄火力發電所，六月北投開始供電，臺北預備火力發電所亦於是年正式興工。

民國三年（西元一九一四年、大正三年）二月高雄火力發電所竣工，淡水與蕃薯寮分別於十月與十一月先後供電。

民國四年（西元一九一五年、大正四年）三月南港開始供電，四月臺北預備火力發電所竣工，五月鹿港開始供電，六月總督府令修正「供電規程」，臺南至新化間之輸電線工程亦於十一月間署手架設。

〈資料來源：台電公司印「台灣電力發展史」民78.7.31〉

先生在台北府城創設興市公司，首先以蒸汽機燃煤發電，是台灣電業之肇始，比紐約落後七年。

日人據有台灣後，電力發展是必要的。在台電公司的文獻（如後）中，在今公館圓環附近，就有一座「台北預備火力發電所」，但為甚麼火力發電所要建在公館？原來還有一段前緣。

一八九五年日人以武力佔領台灣，再經幾年平定反日活動。一九〇三年十一月決定以官營在新店溪支流，南北勢溪合流點建發電所，即龜山發電所，是台灣第一座水力發電廠，日人稱「台北第一發電所」。

但龜山電廠施工不順利，受到原住民泰雅族人反對。一九〇五年二月二十日晨，泰雅族約五十人發動對龜山電廠工地夜襲殺戮，共有日人男八人、女四人、台灣人男二人，另一台灣人重傷後死亡，計十五人喪生，其中十三人被馘（頭被砍走），史稱「屈尺事件」。事後龜山電廠立有受難者紀念碑，文曰：

台北預備火力發電所舊貌。（國立台灣大學圖書館藏）

明治38年2月20日拂曉△△成隊襲龜山水力電氣作業所工夫小屋殺男女十五人馘首放火而去聞者掩泣官賜金子遺族死者可以瞑焉

銘曰 鮮血染草 埋骨邊荒 電火照夜 死者餘光

明治38年 高石工務所建之

（註——碑文目前均不存在，原文對原住民歧視用語，本書以△△取代。）

一九〇五年七月龜山電廠終於完工，八月台北三市街（城內，大稻埕、艋舺）開始供電。接著小粗坑水力發電所（在龜山電廠下游的屈尺），也在一九〇九年八月完工送電，日人稱「台北第二發電所」，後來台電稱「桂山電廠粗坑分廠」，公館地區的內埔庄、林口庄都開始供電

不幸，一九一一年八月二十六日和三十一日，兩個強烈颱風，摧毀兩座電廠，台北和基隆成了黑暗世界。

這是「球間隙」，台電公司於1950年引進，是一種高壓電測量裝備。民國91年2月1日，台電公司綜合研究所啟用，移裝聳立於此。這裡正是日據時代「台北預備火力發電所」的位置，現在公館圓環邊，古今場景，無法想像。

輿論要求徹底改善之聲日漲，總督府乃有預備火力發電所之議。一九一三年九月決定在大加蚋堡林口庄興建九五〇kw台北預備火力發電所，一九一五年四月竣工，至日月潭電廠完工後才廢止。

據史載，台北預備火力發電所外觀高雅，就在今之公館圓環邊，現在只剩一張照片可以想像、回憶。其原址仍是台電的研究所，原來土地利用是有傳承的。

貳、水道水源地

日據時代日人所設的公館水源地淨水廠，早已不見原貌，只能從兩張相近的照片（如下），看當初的整個景像。若現在到現場做場景比對，所見如下兩張二〇一〇年五月二十六日的照片，有如到達另一個星球。

巧的是，滿清建台灣省，劉

公館水源地舊貌。（國立台灣大學圖書館藏）。水源地鳥瞰（一）。本圖來源：楊松翰主編，解讀台大的82個密碼。

水源地鳥瞰（二），本圖來源：李欽賢，台灣的古地圖（日治時代）。

銘傳初建台北府城，進行水源規劃，也是相中公館地區水源地，但歷史沒有給他機會去完成。

日人據台的第二年，光緒二十二年（一八九六年），台灣總督府特聘英國人威廉巴爾頓來台，並派總督府技師濱野彌四郎協助，進行全台衛生工程及台北自來水建設的調查研究工作。

經多年調查研究及準備，光緒三十四年（一九〇八年、日明治四十一年），依照巴爾頓先生的規劃案，在公館觀音山下新店溪畔建取水口，引取原水。並在觀音山麓設淨水場，進行淨水處理，再把乾淨水用抽水機抽送觀音山上之配水池，藉由重力方式自然流下，供應全台北市用水。

一九〇八年取水口，唧筒室建築先行完工，一九〇九年輸配水管、淨水場及配水池全面完工，淨水場開始供水，出水量二萬噸，供水人口十二萬人，並命名「台北水源地慢濾場」，從此台北市區自來水開始邁入現代化之供水系統。

目前原始檔案早已佚失，另據調查「量水室」建築於一九一三年三月竣工，作為觀音山配水池出水量之用。其功能維持到光復後，於民國六十六年公館淨水場改建完成，才功成身退。

為保存歷史記憶，民國八十二年先由內政部將「唧筒室」列為三級古蹟，九十一年市府將觀音山配水池、量水室、渾水抽水站、唧筒室等，擴大古蹟範圍。

為復原古蹟之原樣，經台北市府文化局古蹟審查委員會決議，剔除光復後之水泥粉刷層，將殘留原樣三角楣山牆及角柱，予以修補復原（如下照片）。

修復後之外觀呈現當時日式建築風格，室內則保留原有量水機具，局部利用結構玻璃展示下方原有管線及控制閥，並搭配木地板，以利室內空間利用。

淨水場的量水室（1913年3月竣工）

自來水博物館一景

水道水源地走過百年歷史，現在成為國內首座自來水博物館。自來水處結合原有淨水場、博物館、觀音山步道、苗圃等，規劃成十七公頃的「水霧公園」，公館人多一個休閒活動的好地方。

參、公館古厝

公館現存最老的古厝，就是「芳蘭三厝」，其中的二厝已列市定三級古蹟，一厝已成台大男七舍，甚為可惜。

芳蘭陳家的渡台始祖是陳振師，他九歲時（乾隆二十七年、一七六二年）因家貧，一個人渡海來台。初在艋舺舊街芳蘭記船頭行做雜役，因勤勞好學又純誠得老闆賞識，長大升任夥計。後店東賺大錢，在大陸擴張事業，而把台灣業務讓予陳振師接手經營，累積不少財富，乃在嘉慶十一年（一八〇六年）建成「芳蘭大厝」（如照片）。

後來陳振師子孫承續父親的勤勞精神，獲更多財富，乃光緒二年（一八七六年）在芳蘭大厝附近建「義芳居」（如照片）；至光緒二十四年

芳蘭大厝

（一八九八年），再建「玉芳居」，可惜民國七十四年來不及呈報古蹟便被台大拆除建男七舍。當時陳振師的第九代孫陳炳良，不忍祖先古厝拆光光，主動提報為古蹟，芳蘭大厝和義芳居於民國七十八年，獲公告為三級古蹟。

筆者於二〇一〇年九月十三日及十六日，親自到芳蘭大厝做現地觀察（位於大安區基隆路三段一五五巷一七四號），巧遇大房媳婦現年六十五歲的張水裡女士在整理庭院。張女士表示芳蘭大厝的建成年代是一八〇三年才對，但一般文獻記載一八〇六年，何者正確？恐須再考證了。

移民早期社會不安，房子本身就是防衛式建築。以義芳居為例，最早東西及背面有三重竹籬，正面有竹壁，再外有土墻壁，如

昔日公館林家的紅磚厝，山牆以穿瓦披覆。（照片提供：黃智偉）

重重外圍城牆。房屋本體二樓有銃櫃，是放銃（類似火砲）的地方；三合院的內外牆共設二十四個銃眼，正好一個人的射擊高度，使整座房子構成嚴密的火網。可以見得，陳家先祖建芳蘭三厝是有軍事安全的長遠眼光的，當時也是內埔庄最有聲望的人家。

但陳家先祖聲望不全靠財富形成，還要看怎樣使用財富。早期移民社會也有很多弱勢者，無家可歸者，死後無人收屍者，陳振師都出面處理，用其錢財盡力妥善幫助，很得地方敬重，因而獲朝庭賜封修職郎八品文官官階。

公館有名的古厝，還有龜山旁的林宅（現為台大第二學生活動中心）。此處原有一座龜山，旁有林家聚落一〇九戶，地屬農場里八鄰，後因台大建校，逐年被徵收、遷移，到民國六〇年代，只剩一棟古厝，九〇年代台大建第二學生活動中心便全拆除。如今，只剩一張照片（如圖）可以回憶，想像著公館百年前是何樣神情！

當然，公館最有名的古蹟，存在的最恆久，至今不僅沒有消失的跡象，而且愈來愈旺盛，就是台灣大學，目前已進入「世界百大」。我和台大有緣，每日在校園散步，看百年古蹟，為台大慶賀。

本書末篇要談的，正是台大和瑠公圳。

第四篇

瑠公圳和台大

大學里發現瑠公圳之美

第十章

公館台大地區的古圳道：「七股圳」和「瑠公圳」

漢人開發台北府城（古稱大加臘堡或大加蚋堡），據「台灣開發史」所述，最早是古亭庄（明鄭時期的古亭庄即今之晉江街一帶、羅斯福路一段以南到公館、蟾蜍山等地區。）。時有泉州人周阿戶（俗叫無牙戶，一說是周賢明昆仲。），於明鄭時已來到古亭庄，故今古亭一帶周姓為最大族群，但公館地區則是另一泉州人何姓族群開闢。

在明末清初，台灣島對唐山人而言有如一塊神秘的「新大陸」，充滿著希望，到了康熙、雍正年間，墾區日愈擴大，灌溉水源不敷應用。

到了雍正末葉，由先民周永清發起，招七人合資建立水圳以利農墾。他們從景尾（景美）霧裡薛溪引水，經蟾蜍山麓，到現在的自來水博物館（水源地），分股導流，公館周邊地區（古亭、內埔、大安、芳蘭等）受益最大。此圳因七人合股，故又稱「七股圳」。

可能漢人移民日眾，開闢田地增廣，圳水不敷分配。於是有郭錫瑠發起招夥，增建較大水圳，即今稱之「瑠公圳」，在台大校園、公館地區仍可看到零星的遺跡。

台大校園內及周邊地區，有諸多「瑠公」留下的古蹟。多數人只知瑠公圳為紀念瑠公，但不知此公為何人？來自何方？

瑠公就是郭錫瑠，名天錫，又名錫流。康熙四十四年（一七〇五年）十二月廿五日，生於福建漳州府南靖地區。

瑠公幼年隨父來台，初居彰化半線（今稱八堡圳）。到乾隆初年遷台北，定居中崙附近，開拓興雅莊一帶土地（今基隆路一段）。因田地須水灌溉，當時瑠公尚未開大圳之前，原有水圳只是一條小小水道，名叫「金合川圳」（按淡水廳志），居民常爭水源而打鬥，郭錫瑠決定開一條大圳。但遭泰雅族人反對，多次爆發衝突，造成嚴重傷亡，原住民認為違反自然且破壞祖靈，經瑠公各方奔走、溝通，工程得以順利進行。

瑠公從碧潭引水，沿新店溪設計數十里嚴密水道，從乾隆五年（一七四〇年）開工，經二十年完工，受益用水田地達一千二百多甲，但瑠公為水圳還變賣了家產。不意一七六五年八月，台北出現大颱風，以木頭建造的大圳明渠毀於一旦。瑠公見一生心血破碎，積鬱成疾身亡，年六十一歲，諡曰：「寬和先生」。兩年後，其子元汾繼承父志，復修大圳，後人為紀念瑠公父子為地方建設的努力，把這條水道命名為「瑠公圳」。瑠公精神實在是我國秦代李冰父子在台灣的翻版。

運動場（民國19年），台大。

台大校本部運動場原地名「九汴頭」，因瑠公圳在此設有水閘，分出九道水流，灌溉大安一帶農田。民國十九年，日人闢場後，稱競技場，為台灣許多運動發祥地。

另醉月湖，原是瑠公圳的調節性湖水，新生大樓建築時切斷湖水和圳的暗道，今女八舍及航測館原先都在水道旁，現在只見活的好好的柳樹。

按學者之研究，水利設施的結構很複雜，以供水系統言，可分圳頭（或埤頭）、圳路。而圳路又可分分水的小水門，稱分汴（分汴）；在水路中途，設有水橋、隧道或暗渠等。水路區分也有多種，如幹線（幹流、公圳、大圳）、支線（支圳、私圳、小圳）等，到圳路末端尚有剩餘水量，稱消水溝或水陰溝。

清代台灣諸多水利設施，只有曹公圳有最完善的組織。其他埤圳僅由埤圳關係人，包括供水人如埤圳主或圳戶，引水人如業戶、地主、佃人等共同立約維護水圳運作。故常因資金不足等造成埤圳運作困難或設施崩壞，瑠公圳也在所難免。

至少我認為，不論七股圳、金合川圳或瑠公圳，都已完成了台北地區（公館一帶）農業時代的階段性任務，他們都回到歷史中「休息」了。

第十一章
台大校園追尋瑠公夢

瑠公（郭錫瑠）及其開鑿水圳的大事業，如今在校園內仍能併裝出一些零碎的回憶，並將場景做古今比對，很是有趣。能令人發思古幽情，念天地之悠悠，感蒼海桑田變化之快，這是我退休後，常在公館、台大散步，內心的感受。

「照片A」是現存最早台大校本部瑠公圳大安支線，今舟山路一帶，約光復前全部是農田。

大安線流經台大校總區舟山路一帶，隨著校區的變遷發展，圳道逐漸加蓋填平，「照片B」旁的橋底下是目前碩果僅存的開發圳道。二〇〇一年時，台大甘俊二教授等多人提議，進行「瑠公圳大安支線台大段復育計劃」，於二〇〇四年完成第一階段工程——

台大校本部瑠公圳大安支線，舟山路一帶（約光復前）。

台大校本部瑠公圳大安支線，舟山路旁現在一景（2010.2.2）。

瑠公圳水源池。照片B、C是目前的美景，難得的一泉清泓。

池邊常有各種鳥類，情人散步、新人照相，我們已活在不同的時空。

照片D也是瑠公圳的場景，這張老照片是「台大活歷史路統信」老大哥提供的，刊在退聯會訊。路老有一段解說，老照片是一九四九年在森林館與保健中心間的一段瑠公圳水閘前拍攝的。暑假期間，同學們在校園散步所照，當時椰林大道盡頭南側是四號館和溫室，北側是文學院。森林館、土木系及城鄉所大樓尚未興建。

照片的遠方是機械系實習工廠，為木造平房，正是現在總圖書館的位置，四周則是空地和稻田（場景如照片A）。

台灣大學退休人員聯誼會，會務通訊，41期，97.3.28

照片中人，左起秦維聰（農化）、何國鐸（土木）、郭仕樵（農經）、王德春（森林）、黃雲燦（地質）、林豐卿（園藝）、路統信（森林）。我只認識路老，未知其他人今何在？

照片E、F是瑠公圳原址紀念碑，立的位置就在台大正門口靠新生南路的邊邊，人行道旁的樹木下。忙茫的現代人，每日經過碑旁的人不計其數，恐不到千分之一的人佇足看碑文，照片反光不清的字是「惟新闢土地日多……北二勢溪水」。

校門口的公館地下道，常是一個歷史教室，每隔一段時間會有不同的內容。

照片G是瑠公畫像和簡介。現代

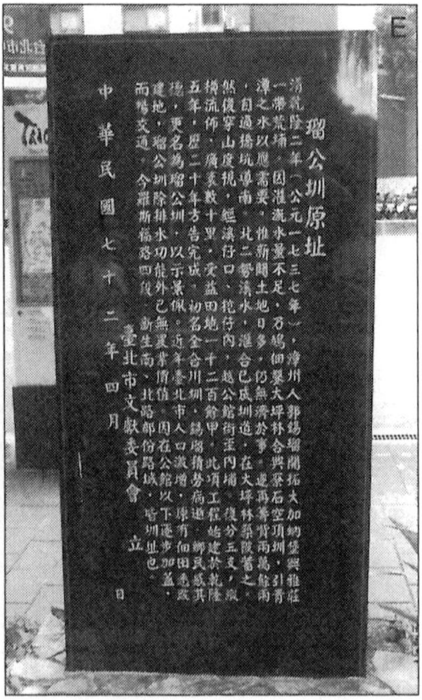

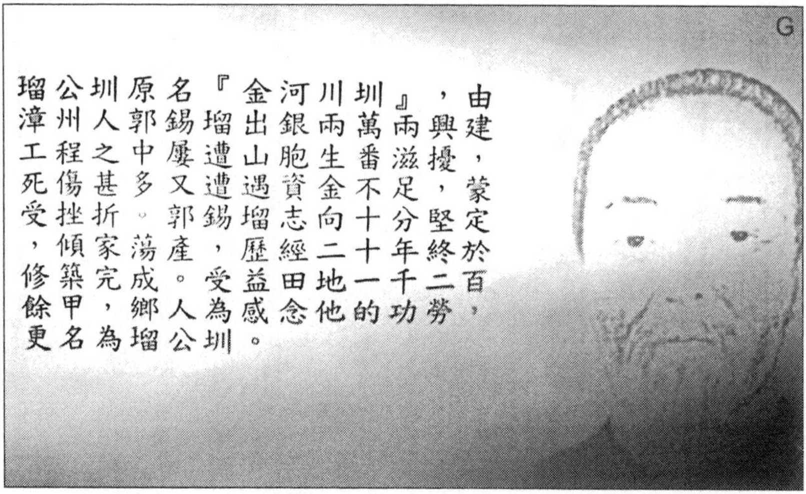

台大公館地下道看板。2010.2.2 作者攝。

社會的發展日趨功利和反常，類似瑠公和陳樹菊善行，都應設法透過教育宣傳，很有教化人心的作用。

照片H是醉月湖，校園最浪漫的地方，很多人不知道此處正是早年瑠公圳的調節水塘。早先叫「牛湳池」，學校整建水池週邊地區，建拱橋、湖心亭，水深六M，以前同學在湖上划船遊玩。後因有女同學意外淹死，醉月湖便圍上欄杆，撤離遊船。此後，許多鬼故事不脛而走。但不知的男女同學，仍是夜晚幽會的首選地點。

第十二章
瑠公圳在公館、台大一帶灌溉系統

瑠公圳自「瑠公時代」（瑠公逝世於一七六五年），到台灣割日（一八九五年），這之間有一百三十年，在公館地區（還沒有台灣大學、羅斯福路、基隆路等這些地景），農民所依賴的水利灌溉系統，便是瑠公圳。但當時的圳道流經系統如何？現在已未知其詳，只能從蛛絲馬跡去判斷。

下圖是從現有史料參考，主要「解讀台大的82個密碼」（廖咸浩總編輯，台大出版，二○一○年四月。），「古地圖之旅」所繪成，惟此圖所示的瑠公圳在公館一帶的灌溉系統，已受到日本治台政策所須之政經建設影響，定有不

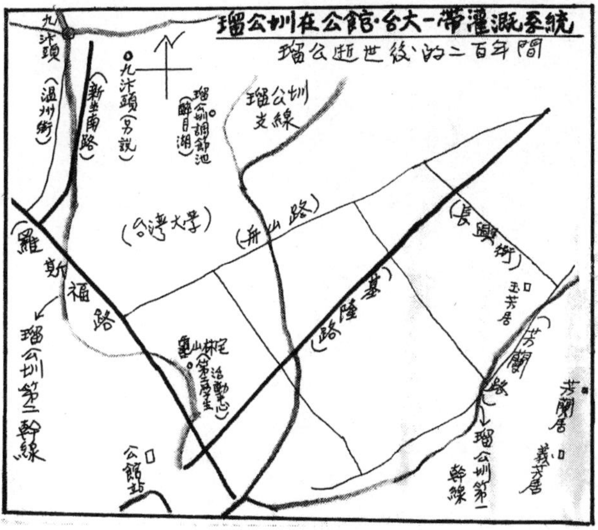

少圳道功能被迫結束。

從古地圖及現有史料看，瑠公圳在公館地區，過蟾蜍山便分兩支幹線，向東發展是第一幹線，向北發展是第二幹線。惟「九汴頭」有兩種記錄，我分別進行現地田野調查，把現存極少的遺跡拍照存證。

第一種按「台大文化導遊地圖」（台大學會發行，年代不詳）記述，運動場（新生南路旁）原地名「九汴頭」，因瑠公圳在此設有水閘，分出九道水流灌溉大安一帶農田。民國十九年日人闢成競技場，阻斷灌溉功能。

第二種按「解讀台大的82個密碼」及「溫州社區古蹟導覽」，謂九汴頭在溫州街向北走快到辛亥路口（看前圖）。我前往進行田野調查，剩餘的一點瑠公圳古蹟。在溫州街四十九巷附近，屬大學里範圍，里長高羅美惠製作看板說明（如前照片）。目前只算是一條維護尚可的水溝，有些水生植物和幾隻烏龜（如照片）。

而台大運動場的九汴頭早已不見蹤影，

ABC三張照片，是瑠公圳在公館地區的「九汴頭」，目前只剩極少遺跡，地點在今之溫州街49巷4號附近，大學里有適宜維護，並製作導覽地圖。

故無照片。比對以上兩種說法，台大運動場最西側到溫州街的瑠公圳遺跡，直線距離最遠不到一百公尺，因此判斷以上兩種說法是年代久誤傳，實際上應是同一處。

另瑠公圳第二幹線有一段經今公館汀州路旁，現自來水博物館前，正好三段二百巷內，社區並沒有善加維護，使其成為一段「臭水溝」(如照片)。照片所示正是汀州路三段二百巷內，前門就是汀州路，一排火鍋店、餐廳的後面廚房，污水正好全排入瑠公圳。

在還沒有台灣大學，乃至沒有日本據台時期，那是一八九五年之前，公館、台大一帶，全是農田，及瑠公圳的幹道和多方分布的支流。

但隨著現代化腳步向前推移，及日本據台的政策(做為南進基地)需要，還有工業時代的來臨，瑠公圳被一節節「吃掉」。至今我們所看到瑠公圳遺跡，都是零星小點和段落，如前多張照片所示。

台大校園內曾有一段最完整的瑠公圳(如前圖)，但那是很久以前。一路從景美來，經校園內的水源池、穿椰林大道，過土木系、化學系(已拆)、新生大樓(醉月湖是水圳的調節池)、今女五舍，向北過辛亥路二段。如今都不見了，只剩水源池和醉月湖，但也極少人會和瑠公圳連想在一起。

歷史，去了便是去了，文史工作者偏偏不信邪，非要喚醒他不可！

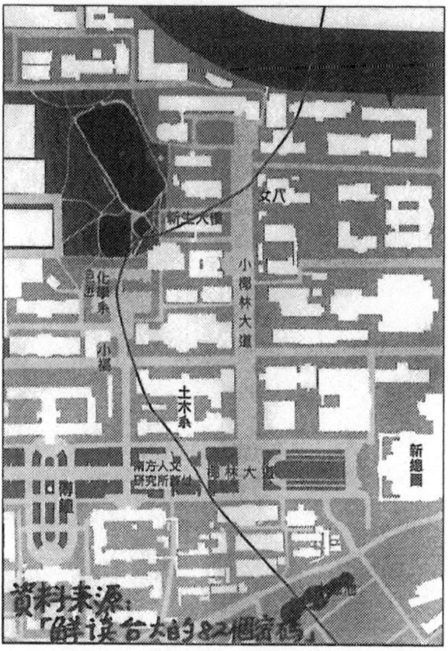

這是工學院興建當時，瑠公圳在校園內的走向，從這張圖可看出當時水道走向與今日校園之關係。

公館汀洲路三段200巷內，瑠公圳第二幹線僅存遺跡，社區並未加以維護。

第十三章
一群台大學生關心的瑠公圳與歷史共業

二〇〇九年到一〇年春之季，國內媒體報導不少大學生的負面訊息，上課遲到早退、打瞌睡、啃雞腿、混吃等死等等，簡直浪費生命，大大的不如大陸學生。

台大學生也多次成為被批判的對象，不外畢業典禮秩序很亂、師長講話、同學在下面吃零食啦！

此期間，我常在台大校園散步、慢走或運動，每天看著活潑快樂又會讀書的小朋友們，也不去想他們是否也在上課啃雞腿。我始終認為，打瞌睡、啃雞腿應是「個案」或少數吧！決不可能是「普遍性現象」。

這幾年我常在公館、台大一帶到處「搜尋」，除了是退休後的運動方式，也是我對這一帶的地方文史產生興趣。所以，也樂於

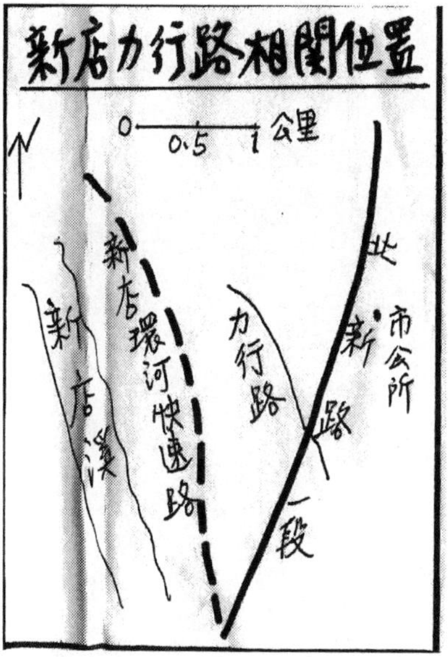

當一名文史考証寫作者。某日，無意間發現一份學生社團所製作的「瑠公圳特刊」，正是我近來在搜尋的主題，立刻取來詳加閱讀。（註）

但眼前我看到這份社團刊物很像一回事，製作很用心。尤其對這些早被遺忘的歷史，竟有大學生在關心，真是不可思議。最叫人感動的，內容報導新店市瑠公圳沿線拆遷老榮民們的困境。這年頭還有誰在關心老榮民（我也是，沒有很老），是一群台大的學生耶！怎不叫人感動！

這些孩子們！於是我仔細看這刊物（封面、底如下）。

這份由台大社團同學出刊的「瑠公圳特刊」，總編輯是李問（人類三），還有不少同學，寫文

註——台大有社團數百種，多數社團有自己的「刊物」，可能很簡單幾頁，小朋友的習作嘛！

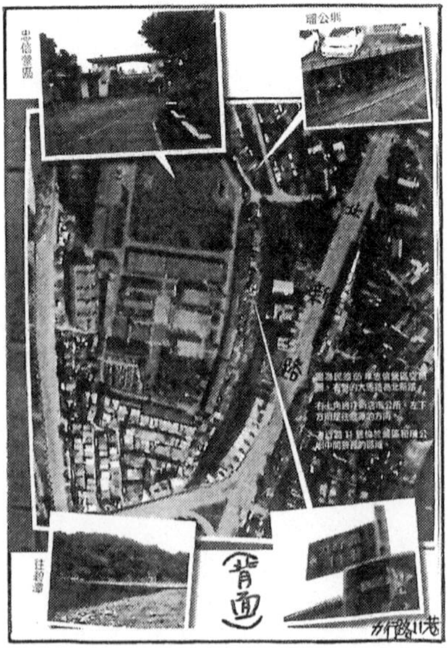

一進力行路就看到忠信營區，大門前就是瑠公圳，營區門牌號是「力行路15號」。

忠信營區前面力行路11、14、7巷都在一起。

第 11 巷的外觀（就在忠信區旁），左側水溝就是瑠公圳，老房子部分用「高腳」撐起在水溝旁。

第 11 巷的入口處，不少老榮民仍住在這裡，他們忠黨愛國一輩子，卻一輩子住這樣的地方。

從力行橋（在忠信營區大門前）看到瑠公圳另一段的兩側。

章的陳珮藝（哲學一）、邱彥瑜（社會三）、黃聖竣（人類一）、張嘉芮（藥學三）、吳嘉浤（中文三）、沈怡昕（社會一）、施力麒（社會二）、楊緬因（人類三）、陳稚涵（法律三），以及其他行政編組。

刊物的主編提到，聽聞新店力行路瑠公圳沿線的老榮民家園，面臨拆遷的問題，台大意識報決定去瞭解，他們真的去訪問了很多人，發現了很多「歷史共業」。從二〇〇九年二月，台北縣政府城鄉局（以下簡稱城鄉局），在碧潭舉辦都市更新計畫說明會，計畫瑠公圳沿線的美化、綠化工程，力行路、力行路十一巷、中華路八十三巷住屋全部拆除，尤其力行路住的都是半個多世紀前落腳的老榮民。政府說拆就拆，無視歷史留下的難題，以為發了補助金就解決了問題，也是思慮不周，過於簡化問題。

邱彥瑜在「時代縮影下的水岸家園：力行路聚落史」一文，訪問六十多年前遷徙到此的外省榮民，當時瑠公圳還有魚蝦啊！

黃聖竣「黃媽媽的故事」，黃媽媽住力行路11巷32號，她是嘉義人，廿二歲嫁給這裡的一位士官長，隨時都準備要「反功大陸」。

張嘉芮「黎伯伯的故事」，黎伯伯是廣西人，民國十三年出生，是個通信兵，上士退伍。

劉龍雲是一位「反共義士」，他在韓戰時被美軍俘虜。之後，就從解放軍變成

第11巷的內部，光線很差。

國軍，四十七年隨兵工營來到瑠公圳。

吳嘉浤「從初民拓墾到都市發展：關於這一段瑠公圳」，是台灣近三百年的水利發展簡史。瑠公圳嘉惠台北地區，到一九八五年才全面停止灌溉功能。

陳稚涵「瑠公圳拆遷案應徹底檢討」，目前至少存在四點問題：對居民缺乏尊重、拆遷案缺乏完善規劃、住戶權利未受重視、官方詮釋瑠公圳歷史過於片面。

楊緬因、李問二位同學，共同提到「請國家面對歷史共業」。真的，這幾年我也多次到大陸，所聽到類似案件，都是地方政府先把拆遷戶的新居建好，再拆除老舊違建等，如此較合乎人民利益，也顯示公權力有體貼的一面。反觀我們自己，總是發了補助金、搬遷費，就要人走路，被拆遷者都是弱勢族群，天下之大，卻無處可去，人民當然要抗爭！

看完台大學生社團編輯的瑠公圳特刊，我有一個衝動，很想去看力行路、瑠公圳和那裡的老榮民現狀。於是我先弄清楚相關位置，二〇一〇年五月十五日（星期六），上午天氣不錯，帶著相機出發。

捷運新店市公所站下，出捷運站沿北新路一段右邊商店走下去，不到五分鐘在一八九號右轉就是力行路了，「忠信營區」就在眼前。

我一面照相，一面觀察，想在11巷內找人問問，巷內空空黑黑，屋內有聲音表示有人住。我碰到一位叫嚴太太的，約七十歲吧！口音是台灣人，但先生九十歲了，行動不太方便。一切都那麼寂靜、殘破，好像走回二十世紀初某一個「第三世界」的貧民窟。

回來後寫這篇文章，內心感慨萬千，實際是心情不好，很想哭！那些老兵都是一九四九年隨國軍來的，那時他們也是十幾歲少年，心中有的是理想。但幾年後，理想破滅，只好「就地取材」取妻生子，可惜他們因階級太低（太多士官以下），分不到眷舍，只得在軍營旁的瑠公圳邊蓋個簡便住所，最早是用竹子和木板搭建，逐年加強才成現在的磚塊水泥砌成（再看我的照片），但仍是貧民窟的樣子。

心情不好，是我們這個「富裕」的社會，為甚麼仍有這麼多經濟上的「極弱勢者」。歷史忘了他們也算了，連國家、社會、各級政府，全忘了他們（或視而不見吧），而他們把一生青春全獻給國家，卻一生住在貧民窟中，現在政府只想發些救助金就要叫這一百多戶老榮民搬遷，天地之大，卻無處可去（因沒有能力）。

國家每年用在各種大建設、買飛機、大砲，動則幾千億，興建各種公共設施（很多養蚊子）動則幾十億。只要一點點小小零頭，絕對可以為很多「極弱勢者」解決問題，卻仍不為，憲法中的「民生主義建設」，是否成為空談？

結論——公館地區的大未來

公館地區能有今天的繁榮來自兩個本質性原因。其一是地緣關係（屬先天的），有平地、有水源，吸引早期移民不斷加入墾拓；又位於大台北地區東西、南北向，往來之要衝，有「戰略要域」之地位，故能吸引各方往來之人氣。

另一個原因是人緣關係（屬後天的），台大在公館建校雖說殖民者別有「企圖」（為南侵提供有用知識），但也因這個「人」所共構形成的歷史背景，對公館地區的人文、商業、地位等，產生決定性的影響。設若，公館地區沒有台大，能有今日之人文氣氛和繁榮乎？

但台大對公館地區影響尚不止今日，更投射到更遠的大未來。台大由城鄉所研究提出一個規劃案（如後圖），在羅斯福路和基隆路口區，規劃高層高品質的住宅區，由都市發展局配合都市計劃及容積移轉，參考香港集合住宅模式，興建五十層住宅大樓。初步計算可興建二〇〇戶至六〇〇戶，每戶三十五坪的住宅單位，可有效解決學校宿舍需求量。而住宅單元的裙樓可為商業開發空間，並連結現有公館與第二活動中心沿街帶狀商業空間，可擁有極佳的商業區域位置，裙樓同時可做為大型賣場服務住戶所需，形成廿一世紀的完整新生活圈。

再者，規劃之高層建築規模，有助於增加BOT業者之招商計劃可行性，共創校方、住戶與業者三方皆贏。其總體利益，必然顯現在整個公館地區，發展成高級、優勢並國際化的公館。

還有，台大目前已進入「世界百大」，若干年後，難說不是「世界五十大」，甚至更上佳境，到時公館也是全球文教界之焦點。

公館地區另一個正在形成的重要景區，是「公館國際藝術村」（在寶藏巖寺旁），正由市府整建中，相信不出一、二年內，公館除文教外，也有鮮明的藝術意象。

公館的未來充滿美麗前景，但如何不讓現有古蹟再消失，也是吾人要深思的習題。畢竟，人固然活在當下，放眼未來，但也不能把過去丟光光，一切的生物都要「根」。

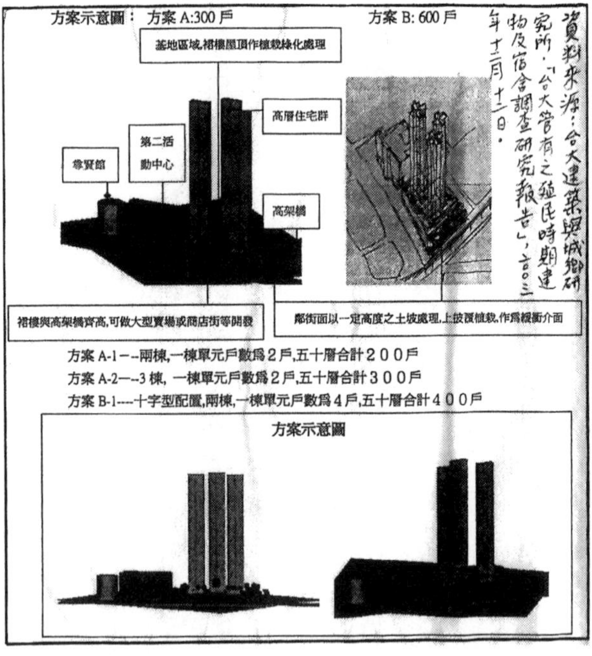

台大在羅斯福路和基隆路口區的未來規劃案

台北・公館地區開發史大事記要年表

西元	中國年代	大事記要
1554	明嘉靖33	Lopo Homen繪世界地圖，首次出現Formoso福爾摩沙島
1563	42	流寇林道乾入台，到台北，為漢人拓台先河
1592	萬曆20	倭冦入侵雞籠、淡水等地。
1632	崇禎5	西班牙人沿淡水進入台北平原。
1681	康熙20	公館地區及附近各庄建寶藏巖寺，崇祀觀世音。
1693	32	廣東廖姓家族移墾石壁潭（即寶藏巖）一帶。
1694	32	四月，台北盆地大地震，形成「古台北湖」。
1697	36	郁永河到北台灣探險，作「裨海紀遊」一書。
1709	48	泉州人陳逢春、賴永和、陳天章三人最早得官方墾照，開拓大佳臘地區。

西元	中國年代	大事記要
1713	52	墾首賴科、王謨、鄭珍和朱崑侯四人，組「陳和議」墾號，開墾士林區。
1718	57	清政府設「淡水營」，守備兵力500人。
1723	雍正元	設淡水廳，統轄台北盆地。
1724	2	拳山庄墾民開拓霧裡薛圳（今景美、新店一帶）。
1729	7	墾首廖簡岳開墾林口庄、拳山、萬盛庄一帶。
1734	12	泉州安溪移民建「公館庄」，周永清等建七股圳。
1739	乾隆4	艋舺龍山寺落成，主祀觀世音。
1740	5	郭錫瑠開圳，因「地險番兇」未成。
1741	6	劉良壁「重修台灣府志」：淡水堡轄「大灣庄」，至光緒元年改「大安」。
1751	16	設拳頭姆官庄（即拳山官庄）。
1757	22	清政府在公館駐軍，開拓大坪林五庄。
1760	25	「瑠公圳」竣工。余文儀「續修台灣府志」，大加蚋堡轄內埔庄，淡水堡轄萬盛庄。
1788	53	艋舺清水祖師廟落成。

西元	中國年代	大事記要
1805	嘉慶10	大龍峒保安宮落成，主祀保生大帝。
1806	11	陳振師在內埔庄建成「芳蘭大厝」。
1812	17	設拳山堡，到一八九四年改文山堡，一九二〇年改文山郡。
1851	咸豐元	林藍田在大稻埕建店鋪三棟，店號「林益順」，是大稻埕店鋪之始。
1859	9	大稻埕霞海城隍廟落成。
1873	同治12	倭冠樺山資紀到淡水調查（侵台準備）。
1874	13	三月二十二日爆發「牡丹社事件」。沈保楨辦理台灣海防。
1875	光緒2	古亭、林口庄納入大加蚋堡二十二庄街。沈保楨奏准設「台北府」。
1876	光緒2	陳振師子孫在內埔庄建「義芳居」大宅。
1879	5	閏三月台北府署從竹塹遷回台北府城。廢艋舺縣丞。台北府城興工。
1884	10	十一月台北府城竣工。
1885	11	九月五日清政府建台灣省，省會台北。首任巡撫劉銘傳行轅內開始有電。
1887	13	六月台北到基隆鐵路興工。

西元	中國年代	大事記要
1887	13	六月台北到基隆鐵路興工。
1888	14	台北府城開始有電，發電所在撫台街。
1891	17	台北到基隆鐵路竣工。
1893	19	台北到新竹鐵路完工。
1894	20	甲午戰爭。
1895	21	（明治28年）六月七日，日軍攻佔台北城。
1898	24	（明治31年）陳振師子孫在內埔庄建「玉芳居」（今台大男七舍）。
1901	27	（明治34年）日人設台北廳。
1905	31	（明治38年）二月發生「屈尺事件」。七月龜山水力電所竣工，公館地區開始有電。
1907	33	（明治40年）今羅斯福路從一條小徑拓寬成單線車道。光復後又有二次拓寬。
1909	宣統元	（明治42年）小粗坑水力發電所竣工。水源地淨水場完工。
1913	民國2	（大正2年）九月台北預備火力發電所（今公館圓環邊）開工。
1914	3	（大正3年）台北圓山動物園開始營業。

西元	中國年代	大事記要
1915	4	（大正4年）四月台北預備火力發電所竣工。
1919	8	（大正8年）在大安庄設「高等農林學校」。
1920	9	（大正9年）廢廳置州，設台北州，下轄二市九郡。
1921	10	（大正10年）萬新鐵路開始營運，公館地區先後有四站。
1928	17	（昭和3年）廢高等農林學校，原址設「台北帝國大學」。
1934	23	（昭和9年）台北預備火力發電所撤廢。
1945	34	（昭和20年）日本無條件投降。十一月十五日國立台灣大學成立。
1946	35	二月台北市重劃市區，分古亭等十大區。
1949	38	政府遷台北。
1951	40	元月吳三連當選首任台北市長。
1965	54	三月二十五日萬新鐵路全面停駛。
1967	56	七月一日台北市改制院轄市。

參考書目

1——彭桂芳，唐山過台灣的故事（台北：青年戰士報社，民國七十年十月）。
2——陳瑞隆，台灣鄉鎮地名源由（台南：裕文堂書局，二〇〇六年九月）。
3——潘英，台灣平埔族史（台北：南天書局，民國八十五年六月）。
4——賴福順，鳥瞰清代台灣的開拓（台北：日創社文化事業有限公司，二〇〇七年八月）。
5——林衡道監修、馮作民著，台灣歷史百講，其他資料佚落。
6——莊華堂，土匪窟的故事（台北：唐山出版社，二〇〇八年二月）。
7——吳政憲，台灣來電（台北：向日葵文化，二〇〇五年二月）。
8——林炳炎，台灣電力株式會社發展史（台北：作者自行出版，一九九七年三月）。
9——李欽賢，台灣的古地圖（台北：遠足文化事業有限公司，民國九十一年十二月）。
10——鄭美俐、陳必讀主編，說我家鄉（台北：台北市政府，民國八十六年六月）。
11——程大學，台灣開發史（台北：眾文圖書公司，民國八十九年十月）
12——夏聖禮，新店溪水天上來（台北：街頭巷尾文史工作室，二〇〇九年十二月）

13——李聰超主編，台北的故事（台北：台北市政府，民國八十三年四月）。
14——林衡道口述、楊鴻博整理，鯤島探源（柒）（台北：麥田出版有限公司，二〇〇一年六月）
15——楊松翰主編，解讀台大的82個密碼（台北：國立台灣大學，二〇一〇年四月）。
16——高麗鳳總編，台北思想起，上下冊（台北：台北市政府，民國九十一年十一月）。
17——國民中學歷史第二冊，國立編譯館，民國九十二年元月，第三版。
18——李孝悌，高中歷史（下）（台北。龍騰文化事業有限公司，出版時間不詳）
19——台大五十周年校慶籌備委員會，台大五十年（台北：國立台灣大學，民國八十四年十一月）。
20——台大校友雙月刊第68期，二〇一〇年三月。
21——台大建築與城鄉研究所，「台大管有之殖民時期建物及宿舍調查研究報告」，二〇〇三年十二月十二日。（未出版）

陳福成生命歷程與創作年表（只記整部出版著作）

民國四十一年（一九五二）一歲

△元月十六日，生於台中縣大肚鄉，陳家。

民國四十八年（一九五九）八歲

△九月，進台中縣大肚國民小學一年級。

民國四十九年（一九六〇）九歲

△夏，轉台中市太平國民小學一年級。

民國五十年（一九六一）十歲

△春，轉台中縣大雅國民小學六張犁分校二年級。

年底搬家到沙鹿鎮，住美仁里四平街。

民國五十一年（一九六二）十一歲

△轉台中縣新社鄉大南國民小學三年級（月不詳）。

民國五十四年（一九六五）十四歲

△六月，大南國民小學畢業。

△九月，讀東勢工業職學學校初中部土木科一年級。

△是年，開始在校刊《東工青年》發表作品。

民國五十七年（一九六八）十七歲

△六月，東工第一名畢業，獲縣長王子癸獎。

△八月三十一日，進陸軍官校預備班十三期。

持續在校刊發表作品，散文、雜記等小品較多。

民國五十九年（一九七〇）十九歲

△春，大妹出車禍，痛苦萬分，好友王力群、鍾聖錫、劉建民、虞義輝等鼓勵下接受基督洗禮。

民六〇年（一九七一）二十歲

△六月，預備班十三期畢業。

△七月，同好友劉建民走橫貫公路（另一好友虞義輝因臨時父親生病取消）。

△八月，升陸軍官校正期班四十四期。

△年底，萌生「不想幹」企圖，四個死黨經多次會商，一直到二年級，未果，繼續

讀下去。

民六十四年（一九七五）二十四歲

△四月五日，蔣公逝世，全連同學宣誓留營以示效忠，僅我和同學史同鵬堅持不留營。（多年後國防部稱聲那些留營都不算）

△五月十一日（母親節），我和劉、虞三人，在屏東新新旅社訂「長青盟約」。

△六月，陸軍官校四十四期畢業。

△七月，到政治作戰學校參加「反共復國教育」。

△九月十九日，乘「二二九」登陸艇到金門報到，任金防部砲指部斗門砲兵連中尉連附。

民國六十五年（一九七六）二十五歲

△醉生夢死在金門度過，或寫作打發時間，計畫著如何可以「下去」（當老百姓去），考慮「戰地」軍法的可怕，決定等回台灣再看情況！

民國六十六年（一九七七）二十六歲

△春，輪調回台灣，在六軍團砲兵六〇〇群當副連長。駐地桃園更寮腳。

△五月，決心不想幹了，利用部隊演習一走了之，當時不知道是否逃亡？發生「逃官事件」，險遭軍法審判。

△九月一日，晉升上尉，調任一九三師七七二營營部連連長，不久再調任砲連連長，駐地中壢。

△十一月十九日，「中壢事件」，情勢緊張，全連官兵在雙連坡戰備待命。

民國六十七年（一九七八）二十七歲

△七月，全師換防到馬祖，我帶一個砲兵連弟兄駐在最前線高登（一個沒水沒電的小島），島指揮官是趙繩武中校。

△十二月十五日，美國宣佈和中共建交，全島全面備戰，已有迎戰及與島共存亡的心理準備，並與官兵以「島在人在，島失人亡」共盟誓勉。

民國六十八年（一九七九）二十八歲

△十一月，仍任高登砲兵連連長。

下旬返台休假並與潘玉鳳小姐訂婚。

民國六十九年（一九八〇）二十九歲

△七月，換防回台，駐地仍在中壢雙連坡。

△十一月，卸連長與潘玉鳳結婚。

民國七〇年（一九八一）三十歲

△三月，晉升少校（一九三師）

△七月，砲校正規班結訓。

△八月，轉監察，任一九三師五七七旅監察官。（時一九三師衛戍台北，師長李建中將軍）。

民國七十一年（一九八二）三十一歲

△三月，仍任一九三師五七七旅監察官。駐地在新竹北埔。

△現代詩「高登之歌」獲陸軍文藝金獅獎。當時在第一士校的蘇進強上尉，以「青青子衿」拿小說金獅獎。很可惜後來走上台獨路，不知可還有臉見黃埔同學否？

△長子牧宏出生。

△年底，全師（193）換防到馬祖北竿。

民國七十二年（一九八三）三十二歲

△六月，調任一九三師政三科監察官（馬祖北竿，師長丁之發將軍）

△十二月，調陸軍六軍團九一兵工群監察官。

民國七十三年（一九八四）三十三歲

△十一月，仍任監察官。

△父喪。

民國七十四年（一九八五）三十四歲

△四月，長女佳青出生。
△六月，〈花蓮十日記〉（台灣日報連載）。
△八月，調金防部政三組監察官佔中校缺，專管工程、採購。（司令官宋心濂上將）
△九月，「部隊管教與管理」獲國防部第十二屆軍事著作金像獎。
△今年，翻譯愛倫坡（Edgar Allan）恐怖推理小說九篇，並在偵探雜誌連載，多年後才正式出版。

民國七十五年（一九八六）三十五歲

△元旦，在金防部監察官晉任升中校，時金防部司令官趙萬富上將。
△六月，考入政治作戰學校政治研究所第十九期三研組。（所主任孫正豐教授、校長曹思齊中將）
△八月一日，到政治作戰學校研究所報到。

民國七十六年（一九八七）三十六歲

△元月，獲忠勤勳章乙座。
△春，「蔣公憲政思想研究」獲國民黨文工會學術論文獎。
△九月，參加「中國人權協會」講習，杭立武當時任理事長。
△今年，翻譯愛倫坡小說五篇，並在偵探雜誌連載，多年後才正式出版。

民國七十七年（一九八八）三十七歲

△六月，政研所畢業，碩士論文「中國近代政治結社之研究」。到八軍團四三砲指部當情報官。

△八月，接任第八團四三砲指部六〇八營營長，營部在高雄大樹，準備到田中進基地。（司令是王文燮中將、指揮官是涂安都將軍）

民國七十八年（一九八九）三十八歲

△四月，輪調小金門接砲兵六三八營營長。（大砲營）（砲指部指揮官戴郁青將軍）

△六月四日，「天安門事件」前線情勢緊張，前後全面戰備很長一段時間。

民國七十九年（一九九〇）三十九歲

△七月一日，卸六三八營營長，接金防部砲指部第三科作戰訓練官。

△八月一日，伊拉克入侵科威特，海峽情勢又緊張，金門全面戰備。

民國八〇年（一九九一）四〇歲

△元月、二月，波灣戰爭，金門仍全面戰備。

△三月底，輪調回台南砲兵學校任戰術組教官。（指揮官周正之中將）（以後的軍職都在台灣本島，我軍旅生涯共五次外島，金門三，馬祖二。）

民國八十一年（一九九二）四十一歲

△三月，參加陸軍協同四十五號演習。
△六月，考入三軍大學陸軍指參學院。（校長葉昌桐上將、院長王繩果中將）
△七月四日，到大直三軍大學報到。

民國八十二年（一九九三）四十二歲

△六月十九日，三軍大學畢業，接任花東防衛司令部砲指部中校副指揮官，時中校十一級。（指揮官是同學路復國上校，司令官是畢丹中將）
△九月，我們相處的很好，後來我離職時，同學指揮官送我一個匾，上書「運籌帷幄，決勝千里」。可惜實際上沒有機會發揮，只能在紙上談兵，在筆下論戰，幾年後路同學升少將不久也退伍了。調原單位司令部第三處副處長。
△這年經好同學高立興的努力，本有機會調聯訓部站一個上校缺，卻因被一個姓「朝鮮半島」的同學「穿小鞋」，功敗未成，只好持續在花蓮過著如同無間地獄的苦日子。

民國八十三（一九九四）四十三歲

△二月，考取軍訓教官，在復興崗受訓。（教官班四十八期）
△四月，到台灣大學報到，任中校教官。當時一起來報到的教官尚有唐瑞和、王潤身、劉亦哲、吳曉慧共五人。總教官是韓懷豫將軍。

△四月，老三佳莉出生。她的出生是為伴我中老年的寂寞，從她出生到小三，洗澡換尿片三更半夜喝奶，全我包辦，三個孩子只有她和我親近。

△七月，母喪。

△十一月，在台大軍官團提報「一九九五閏八月的台海情勢」廣受好評。

民國八十四年（一九九五）四十四歲

△六月，「閏八月」效應全台「發燒」。

△《決戰閏八月——中共武力犯台研究》一書出版（台北：金台灣出版社）。本書出版後不久，北京《軍事文摘》（總第59期），以我軍裝照為封面人物，大標題以「台灣軍魂陳福成之謎」，在內文介紹我的背景。

△七月，開始編寫各級學校軍訓課程「國家安全」教材。

△十二月，《防衛大台灣——台海安全與三軍戰略大佈局》一書出版：（台北：金台灣出版社）

民國八十五年（一九九六）四十五歲

△元月，為撰寫軍訓課本「國家安全」，本月十一日偕台大少校教官陳梅燕拜訪戰略家鈕先鍾先生，主題就是「國家安全」。（訪問內容後來發表在「陸軍學術月刊第375、439期」

△三月，擔任政治大學民族系所講座。（應民族系系主任林修澈教授聘請）。
△《孫子實戰經驗研究》一書，獲中華文化總會學術著作總統獎，獎金五萬元。
△《國家安全》幼獅版，納入全國各級高中、職、專科、大學軍訓教學。
△四月，考上國泰人壽保險人員證。
△九月，佔台灣大學上校主任教官缺。
△榮獲全國軍訓教官論文優等首獎，《決戰閏八月》。

民國八十六年（一九九七）四十六歲

△元旦，晉升上校，任台大夜間部主任教官。
△七月，開始在復興廣播電台「雙向道」節目每週一講「國內外政情與國家安全」（鍾寧主持）。
△八月，《國家安全概論》（台灣大學自印自用，不對外發行。）
△十二月，《非常傳銷學》出版。

民國八十七年（一九九八）四十七歲

△是年，仍在復興電台「雙向道節目」。
△五月，在台大學生活動中心演講「部落主義及國家整合、國家安全之關係」。
△十月十七日，籌備召開「第一屆中華民國國防教育學術研討會」（凱悅飯店，本

會在淡江大學戰略所所長翁明賢教授指導下順利完成，工作夥伴除我之外，尚有輔仁大學楊正平、文化大學李景素、淡江大學廖德智、中央大學劉家楨、東吳大學陳全、中興法商鄭鴻儒、華梵大學谷祖盛（以上教官）、淡江大學施正權教授。）我在本會提報論文「論國家競爭優勢與國家安全」（評論人：台灣大學政治系助理教授楊永明博士），本論文為銓敘部公務人員學術論文獎，後收錄在拙著《國家安全與情治機關的弔詭》一書。

△七月，出版《國家安全與情治機關的弔詭》（台北：幼獅出版公司）。

民國八十八年（一九九九）四十八歲

△二月，從台灣大學主任教官退休，結束三十一年軍旅生涯。「化敵為我，以謀止戰」（小說三十六計釜底抽薪導讀，與實學社總編輯黃驗先生對談。）；考上南山人壽保險人員證。

△四月，應國安會虞義輝將軍之邀請，擔任國家安全會議助理研究員。（時間約一年多，每月針對兩岸關係的理論和實務等，提出一篇研究報告（論文）。

民國八十九年（二〇〇〇）四十九歲

△三月，《國家安全與戰略關係》出版（台北：時英出版社）。

△四、五、六月，任元培科學技術學院進修推廣部代主任。

△六月一日，在高雄市中山高中講「兩岸關係及未來發展——兼評新政府的國家安全構想」（高雄市軍訓室軍官團）

△十一月，與台灣大學登山會到石鹿大山賞楓。

△十二月，與台灣大學登山會到司馬庫斯神木群。

民國九〇年（二〇〇一）五十歲

△五月四到六日，偕妻及一群朋友登玉山主峰。

△六月十六、十七日，參加陸軍官校建校七十七週年校慶並到墾丁參加44期同學會。

△十月六日，與台大登山隊到睏牛山。

△十二月，《解開兩岸十大弔詭》出版（台北：黎明出版社）。

△十二月八到九日，登鎮西堡、李棟山。

△十二月二二到二三日，與台大登山隊走霞克羅古道。

民國九十一年（二〇〇二）五十一歲

△去年至今，我聽到三位軍校同學過逝，甚有感慨，我期至今才約五十歲。想到學生時代很要好的同學，畢業已數十年，怎都「老死不相往來」，我決定試試，召集住台大附近（半小時車程），竟有七人（含我）來會，解定國、高立興、陳鏡培、童榮南、袁國台、林鐵基。這個聚會一直持續下去，後來我定名「台大周邊

地區陸官44期微型同學會」（後均簡稱「44同學會」第幾次等。

△二月，《找尋一座山》現代詩集出版，台北，慧明出版社。

△二月十二到十四日，到小烏來過春節，並參訪赫威神木群。

△二月二三到二四日，與台大登山會到花蓮兆豐農場，沿途參拜大理仙公廟。

△四月七日，與山虎隊登夫婦山。

△四月十五日，在范揚松先生的公司第一次見到吳明興先生（當代兩岸重要詩人、作家），二十多年前我們曾一起在「腳印」詩刊發表詩作，未曾謀面。

△四月二十一日，與台大隊登大桐山。

△四月三十日，在台大鹿鳴堂辦第二次44同學會：我、解定國、袁國台、高立興、周念台、林鐵基、童榮南。

△五月三到五日，與台大隊登三叉山、向陽山、嘉明湖。（回來後在台大山訊發表紀行一篇）。

△六月二一到二三日，與苗栗三叉河登山隊上玉山主峰（我的第二次）。

△七月第一週，在政治大學參加「社會科學研究方法」研習營。（主任委員林碧炤）。

△七月十八到二一日，與台大登山會登雪山主峰、東峰、翠池。在「台大山訊」發表「雪山盟」長詩。

△八月二十日，與台大登山會會長張靜二教授及一行十餘人，勘察大溪打鐵寮古道、草嶺山，並到故總統經國先生靈前致敬。

△八月二九到九月一日，與山友十餘人登干卓萬山、牧山、卓社大山。（因氣候惡劣只到第一水源處紮營，三十一日晨撤退下山。）

△九月，《大陸政策與兩岸關係》出版（黎明出版社，九十一年九月）。

△九月二十四日，在台大鹿鳴堂辦第三次44同學會：我、高立興、童榮南、林鐵基、周念台、解定國、周立勇、周禮鶴。

△十月十八到二十日，隨台大登山隊登大霸尖山（大、小霸、伊澤山、加利山），在「台大山訊」發表「聖山傳奇錄」。

△十一月十六日，與台大登山隊登波露山（新店）。

民國九十二年（二〇〇三）五十二歲

△元月八日，第四次44同學會（在台大鹿鳴堂），到有：我、周禮鶴、高立興、解定國、袁國台、林鐵基、周立勇。

△元月八日，在台灣大學第一會議室演講「兩岸關係發展與變局」，併發表四本年度新書。（台大教授聯誼會主辦），除《解開兩岸十大弔詭》和《大陸政策與兩岸關係》兩書外尚有：《找尋一座山》（現代詩集，慧明出版）、《愛倫坡恐怖

小說選》。

△二月二十八日，應佛光人文社會學院董事會秘書林利國邀請，在宜蘭靈山寺向輔導義工演講「生命教育與四Q」。

△三月十五、十六日，與妻參加台大登山隊「榛山行」（在雪霸）。

△三月十八日，與曾復生博士在復興電台對談兩岸關係發展。

△三月十九日，到非政府組織（NGO）會館，參加「全球戰略新框架下的兩岸關係研討會」，由「歐洲文教基金會與黨外圓桌論壇」主辦。席間首次與前民進黨主席許信良先生閒談。晚間餐會與前立法委員朱高正先生和台大哲學系教授王曉波夫婦同桌，我和他們都是素昧平生。但兩杯酒一喝，大家就開始高談近代史事，朱委員酒量很好，可能有「千杯不醉」的境界。 名片上印有「周易」文言：「夫大人者。與天地合其德。與日月合其明。與四時合其序。與鬼神合其吉凶。先天而天弗違。後天而奉天時。天且弗違。而況予人乎。況于鬼神乎。」，其境界更高。

△三月二十日，叢林一隻不長眼的「肥羊」闖進頂層掠食者的地盤，性命恐將不保；美伊大戰開打，海珊可能支持不了幾天。

△三月二十六日到三十日，隨長庚醫護人員及內弟到大陸，遊西湖、黃山。果然「上有天堂下有蘇杭」、「黃山歸來不看山」，我第一次出國竟是回國。歸程時 SARS

開始流行，全球恐慌。

△四月三日到六日，同台大登山隊登雪白山，氣候不佳，前三天下雨。第一天宿司馬庫斯，第二天晨七時起程，沿途林相原始，許多千年神木，下午六時雪白山攻頂，晚上在山下紮營，第三天八點出發，神木如林，很多一葉蘭，下午過鴛鴦湖，五點到棲蘭。第四天參觀棲蘭神木，見「孔子」等歷代偉人，歸程。

△四月十二、十三日，偕妻與台大登山隊再到司馬庫斯，謁見「大老爺」神木群等。

△四月二十一日，第五次44同學會（在台大鹿鳴堂），到者：我、袁國台、解定國、林鐵基、周立勇。

△六月十四日，同台大登山隊縱走卡保逐鹿山，全程二十公里，山高、險惡、瀑布，螞蝗多。

△六月二十八日，參加中國文藝協會舉行「彭邦楨詩選」新書發表會。彭老已在今年三月病逝紐約，會中碰到幾位前輩作家，鍾鼎文、司馬中原、辛鬱、文曉村等人，還有年青一輩的賴益成、羅明河等。

△七月，《孫子實戰經驗研究》出版（黎明出版公司），本書是八十五年學術研究得將作品，獲總統領獎；今年又獲選為「國軍連隊書箱用書」，陸、海、空三軍各級，一次印量七千本。

△七月二十二日到八月二日，偕妻同一群朋友遊東歐三國（匈牙利、奧地利、捷克）。
△十月十日到十三日，登南湖大山、審馬陣山、南湖北峰和東峰。
△十一月，在復興電台鍾寧小姐主持的「兩岸下午茶」節目，主講「兵法・戰爭與人生」（孫子、孫臏、孔明三家）。
△十二月一日，第六次44同學會（台大鹿鳴堂），到有：我、林鐵基、童榮南、解定國、周念台、盧志德、高立興、劉昌明。

民國九十三年（二〇〇四）五十三歲

△二月二十五日，第七次44同學會（台大鹿鳴堂），到有：周立勇、高立興、童榮南、鍾聖賜、林鐵基、解定國、周念台、盧志德、劉昌明和我共10人。
△春季，參加許多政治活動，號召推翻台獨不法政權，三月陳水扁自導自演「三一九槍擊作弊案」。
△三月，《大陸政策與兩岸關係》出版，黎明出版社。
△五月二十八日，大哥張冬隆發生車禍，二週後的六月四日過逝。
△五月，《五十不惑》（前傳）出版，時英出版社。
△六月，第八次44同學會（台大鹿鳴堂），到有：我、周立勇、童榮南、林鐵基、解定國、袁國台、鍾聖賜、高立興。

△八月十一到十四日，參加佛光山第十二期全國教師生命教育研習營。

△十月十九日，第九次44同學會（台大鹿鳴堂），到有：我、童榮南、周立勇、高應興、解定國、盧志德、周小強、鍾聖賜、林鐵基。

△今年在空大講「政府與企業」，並受邀參與復興電台「兩岸下午茶」節目。

△今年完成龍騰出版公司《國防通識》（高中課本）計畫案合作伙伴有李文師（政大教官退）、李景素（文化教官退）、項台民（彰化高中退）、陳國慶（台大教官）。計有高中二年四冊及教師用書四冊，共八冊課本。

△十二月，《軍事研究概論》出版（全華科技），合著者九人：洪松輝、許競任、秦昱華、陳福成、陳慶霖、廖天威、廖德智、劉鐵軍、羅慶生，都是對國防軍事素有專精研究之學者。

民國九十四年（二〇〇五）五十四歲

△二月十七日，第十次44同學會（台大鹿鳴堂），到有：我、陳鏡培、鍾聖賜、金克強、解定國、林鐵基、高立興、袁國台、周小強、周念台、盧志德、劉昌明，共12人。

△六月十六日，第十一次44同學會（台大鹿鳴堂），到有：我、盧志德、周立勇、解定國、陳鏡培、童榮南、金克強、鍾聖賜、劉昌明、林鐵基、袁國台。

△八月，計畫中的《中國春秋》雜誌開始邀稿，除自己稿件外，有楊小川、路復國、廖德智、王國治、一飛、方飛白、郝艷蓮等多人。

△十月，創刊號《中國春秋》雜誌發行，第四期後改《華夏春秋》，實務行政全由鄭聯臺、鄭聯貞、陳淑雲、陳金蘭負責，妹妹鳳嬌當領導，我負責邀稿，每期印一千五百本，大陸寄出五百本。

△持續在台灣大學聯合辦公室當志工。

△今年仍在龍騰出版公司主編《國防通識》；上復興電台「兩岸關係」節目。

民國九十五年（二〇〇六）五十五歲

△元月《中國春秋》雜誌第二期發行，作者群有周興春、廖德智、李景素、王國治、路復國、一飛、范揚松、蔣湘蘭、楊小川等。

△二月十七日，第十二次44同學會（台大鹿鳴堂），到有：劉昌明、高立興、陳鏡培、盧志德、林鐵基、金克強和我共7人。

△四月，《中國春秋》雜誌第四期發行。

△六月，第十三次44同學會（台大鹿鳴堂），到有：我、周小強、解定國、高立興、袁國台、林鐵基、劉昌明、盧志德。

△七月到九月，由時英出版社出版中國學四部曲，四本約百萬字：《中國歷代戰爭

新詮》、《中國近代黨派發展研究新詮》、《中國政治思想新詮》、《中國四大兵法家新詮》。

△七月十二到十六日，參加佛光山第十六期全國教師生命教育研習營。

△七月，原《中國春秋》改名《華夏春秋》，照常發行。

△九月，《春秋記實》現代詩集出版，時英出版社。

△十月，第五期《華夏春秋》發行。

△十月二十六日，第十四次44同學會（台大鹿鳴堂），到有：我、金克強、周立勇、解立國、林鐵基、袁國台、高立興。

△十一月，當選中華民國新詩學會第二屆理事，任期到九十九年十一月十一日。

△《華夏春秋》第六期發行後，無限期停刊。

△高中用《國防通識》（學生課本四冊、教師用書四冊）逐一完成，可惜龍騰出版公司後來的行銷欠佳。

民國九十六年（二〇〇七）五十六歲

△元月三十一日，第十五次44同學會（中和天香回味鍋），到有：我、解定國、盧志德、高立興、林鐵基、周小強、金克強、劉昌明。

△二月，《國家安全論壇》出版，時英出版社。

△二月一日，到國防部資電作戰指揮部演講，主題「兩岸關係與未來發展：兼論台灣最後安全戰略的探索」。

△二月，《性情世界：陳福成情詩集》出版，時英出版社。

△三月十日，在「秋水詩屋」，與涂靜怡、莫云、琹川、風信子四位當代大詩人研究，幫我取筆名「古晟」。以後我常用這個筆名，有一本詩集就叫《古晟的誕生》。

△五月，當選中國文藝協會第三十屆理事，任期到一百年五月四日。

△五月十三日，母親節，與妻晚上聽鳳飛飛的演唱會，可惜二〇一二年初病逝，我為她寫一首詩「相約二十二世紀，鳳姐」。

△六月六日，第十六次44同學會（台大鹿鳴堂），到有：我、解定國、高立興、盧志德、周小強、金克強、林鐵基。

△六月十九日，榮獲中華民國新詩學會「詩運獎」，在文協九樓頒獎，由文壇大老鍾鼎文先生頒獎給我。

△十月，小說《迷情・奇謀・輪迴：被詛咒的島嶼》（第一集）出版，文史哲出版社。

△十月十六日，第十七次44同學會（台大鹿鳴堂），到有：我、周立勇、解定國、張安麟、林鐵基、盧志德。

△十月三十一日到十一月四日，參加由文協理事長綠蒂領軍，應北京中國文聯邀訪，

一行人有綠蒂、林靜助、廖俊穆、蘇憲法、李健儀、簡源忠、郭明福、廖繼英、許敏雄和我共10人。

△十一月七日，同范揚松、吳明興三人到慈濟醫院看老詩人文曉村先生。

△十二月中旬，大陸「中國文藝藝術聯合會」一行到文協訪問，綠蒂全程陪同，十六日由我陪同參觀故宮，按其名冊有白淑湘、李仕良等14人。

△十二月十九日，到台中拜訪詩人秦嶽，午餐時他聊到「海鷗」飛不起來了。

△十二月二十二日上午，在國父紀念館參加由星雲大師主持的皈依大典，成為大師座下臨濟宗第四十九代弟子，法名本肇。一起皈依的有吳元俊、吳信義、關麗蘇四兄姊弟，這是一個好因緣。

△十二月二十七日，《青溪論壇》成立，林靜助任理事長，我副之，雪飛任社長。

△十二月，有三本書由文史哲出版社出版：《頓悟學習》、《公主與王子的夢幻》、《春秋正義》。

民國九十七年（二〇〇八）五十七歲

△元月五日（星期六），第一次在醉紅小酌參加「三月詩會」，到民國一〇三年底退出。

△元月二十四到二十八日，與妻參加再興學校舉辦的海南省旅遊。

△二月十三日，到新店拜訪天帝教，做《天帝教研究》的準備。

△二月十九日，第十八次44同學會（新店富順樓），到有：我、高立興、解定國、林鐵基、盧志德、金克強、周小強。

△三月二日，參加「全國文化教育界新春聯歡會」，馬英九先生來祝賀，前台大校長孫震、陳維昭等數百人，文壇司馬中原、綠蒂、鍾鼎文均到場，盛況空前。這是大選的前奏曲。

△三月十二日，參加中國文藝協會理監事聯席會議。

△三月，《新領導與管理實務》出版，時英出版社。

△五月十三日下午二時，四川汶川大地震，電話問成都的雁翼，他說還好。

△六月十日，第十九次44同學會（在山東餃子館），到有：我、童榮南、高立興、解定國、袁國台、盧志德、金克強、張安祺。

△六月二十二日，參加青溪論壇社舉辦的「推展華人文化交流及落實做法」，我提報論文「閩台民間信仰文化所體現的中國政治思想初探」，其他重要提文報告人有林靜助、封德屏、陳信元、潘皓、台客、林芙容、王幻、周志剛、一信、徐天榮、漁夫、落蒂、雪飛、彭正雄。

△七月十八日，與林靜助等一行，到台南參加作家交流，拜訪本土詩人林宗源。

△七月二十三日到二十九日，參加佛光山短期出家。

△八月十五日到二一日，參加青溪新文藝學會理事長林靜助主辦「江西三清山龍虎山之旅」，並到九江參加文學交流會。同行者有我、林靜助、林精一、蔡雪娥、彭正雄、金筑、台客、林宗源、邱琳生，鍾順文、賴世南、羅玉葉、羅清標、吳元俊、蔡麗華、林智誠、共16人。

△十月十五日，第二十次44同學會（台大鹿鳴堂），到有：我、陳鏡培、解定國、盧志德、同小強、童榮南、袁國台、林鐵基、黃富陽。

△十一月三十日，參加「湯山聯誼會」，遇老師長陳廷寵將軍。

△今年有兩本書由文史哲出版社出版：《幻夢花開一江山》（傳統詩）、《一個軍校生的台大閒情》。

△整理這輩子所寫的作品手稿約一人高，贈台大圖書館典藏。

民國九十八年（二〇〇九）五十八歲

△二月十日，第二一次44同學會（台大鹿鳴堂），到有：我、袁國台、解定國、高立興、童榮南、盧志德、黃富陽。

△六月，小說《迷情・奇謀・輪迴：進出三界大滅絕》（第二集）出版，文史哲出版社。

△六月上旬，第二二次44同學會（台大鹿鳴堂），到有：我、林鐵基、童榮南、袁國台、高立興、解定國、金克強、盧志德。

△六月十七、十八日，參加台大「退聯會」阿里山兩日遊。

△十月，小說《迷情・奇謀・輪迴：我的中陰身經歷記》（第三集）出版，文史哲出版社。

△十月六日，第二三次44同學會（公館越南餐），到有：盧志德、解定國、林鐵基、金克強、周小強和我。

△十一月六到十三日八天，參加重慶西南大學主辦「第三屆華文詩學名家國際論壇」，後四天到成都（第一次回故鄉）。此行我提報一篇論文「中國新詩的精神重建」（約兩萬多字），同行者另有雪飛、林芙蓉、李再儀、台客、鍾順文、林于弘、林精一、吳元俊、林靜助。

△十一月二十八日，到國軍英雄館參加「湯山聯誼會」，老將郝伯村批判李傑失了軍人氣節。

△十二月，《赤縣行腳・神州心旅》（詩集）出版，秀威出版公司。

△今年有三本書由文史哲出版社出版：《愛倫坡恐怖推理小說》、《春秋詩選》、《神劍與屠刀》。

民國九十九年（二〇一〇）五十九歲

△元月二十三日，由藝文論壇社和紫丁香詩刊聯合舉辦，「陳福成小說《迷情・奇謀・輪迴》評論會」，在台北老田西餐廳舉行。提評論文有金劍、雪飛、許其正、狼跋、謝輝煌、胡其德、易水寒等七家，與會有文藝界數十人。會後好友詩人方飛白也提出一篇。

△三月一日，第二四次44同學會（台大鹿鳴堂），到有：我、周小強夫婦、解定國、袁國台、林鐵基、盧志德、曹茂林、金克強、黃富陽、童榮南共11人。

△三月三十一日，「藝文論壇」和「創世紀」詩人群聯誼，中午在國軍英雄館牡丹廳餐敘。創世紀有張默、辛牧、落蒂、丁文智、方明、管管、徐瑞、古月，八人與會；藝文論壇有林靜助、雪飛、林精一、彭正雄、鄭雅文、徐小翠和我共7人參加。

△四月二一到二二日，台大溪頭、集集兩日遊，「台大退聯會」主辦。

△六月，《八方風雨・性情世界》出版，秀威出版社。

△六月八日，第二五次44同學會（台大鹿鳴堂），到有：我、金克強、郭龍春、解定國、高立興、童榮南、袁國台、林鐵基、盧志德、周小強、曹茂林，共11人。

△八月十七到二十日，參加佛光山「全國教師佛學夏令營」，同行有吳信義師兄等

多人。

△十月五日，第二六次44同學會（今起升格在台大水源福利會館），到有：曹茂林、解定國、童榮南、林鐵基、盧志德、周小強和我共7人。

△十月二六日到十一月三日，約吳信義、吳元俊兩位師兄，到山西芮城拜訪尚未謀面的劉焦智先生，我們因看「鳳梅人」報結緣。

△十一月，《男人和女人的情話真話》（小品）出版，秀威出版社。

△今年有四本書由文史哲出版社出版：《洄游的鮭魚》、《古道‧秋風‧瘦筆》、《山西芮城劉焦智鳳梅人報研究》、《三月詩會研究》。

民國一〇〇年（二〇一一）六十歲

△元月，小說《迷情‧奇謀‧輪迴》合訂本出版，文史哲出版社。

△元月二日，當選中華民國新詩學會第十三屆理事、任期到一〇四年一月一日。

△元月十日，第二七次44同學會（台大水源福利會館），到有：我、黃富陽、高立興、林鐵基、周小強、解定國、童榮南、曹茂林、盧志德、郭龍春共10人。

△二月，《找尋理想國》出版，文史哲出版社。

△二月十九日，在天成飯店參加「中國全民民主統一會」會員代表大會，吳信義、吳元俊兩位師兄也到，會場由王化榛會長主持。會中遇到上官百成先生，會後我

寫一篇文章「遇見上官百成：想起上官志標和楊惠敏」，刊載《新文壇》雜誌（26期，一〇一年元月）。

△三月二二日，上午參加「台大退聯會」理監事聯席會議。

△三月二五日，晚上在台大校總區綜合體育館開「台大逸仙學會」，林奕華也來了，認識她很久了，每回碰到她都很高興。

△四月，《我所知道的孫大公》（黃埔28期）出版，文史哲出版社。

△四月，《在鳳梅人小橋上：中國山西芮城三人行》出版，文史哲出版社。

△五月五日，參加緣蒂在老爺酒店主的「中國文藝協會三十一屆理監事會」，同時當選理事，任期到一〇四年五月五日。與會者如以下這份「原始文件」：

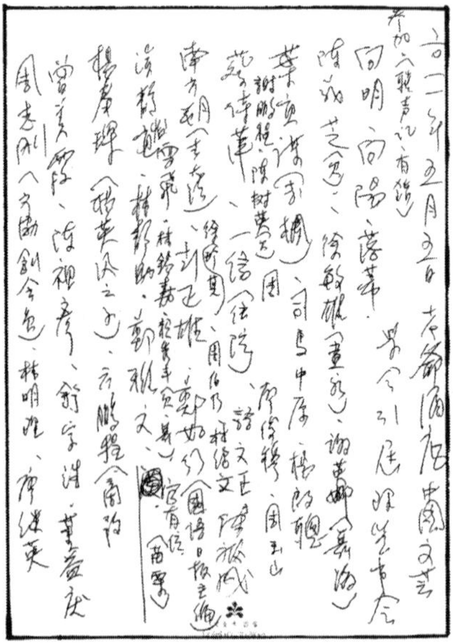
一〇四年五月五日　老爺酒店　中國文藝
向明、向陽、落蒂
司馬中原

△五月，《漸凍勇士陳宏傳》出版，文史哲出版社。
△六月，《大浩劫後》出版，文史哲出版社。
△六月三日，第二八次44同學會（台大水源福利會館），到有：我、郭龍春、解定國、高立興、童榮南、林鐵基、盧志德、周小強、黃富陽、曹茂林、桑鴻文共11人。
△六月十一日，到師大參加「黃錦鋐教授九秩嵩壽華誕聯誼茶會」，黃伯伯就住我家樓上，他已躺了十多年，師大仍為他祝壽，真很感人。
△七月，《台北公館地區開發史》出版，唐山出版社。
△七月七到八日，與妻參加台大退聯會的梅峰、清境兩日遊。
△七月，《第四波戰爭開山鼻視賓拉登》出版，文史哲出版社。
△八月，《台大逸仙學會》出版，文史哲出版社。
△八月十七到二十日，參加佛光山「全國教師佛學夏令營，主題「增上心」」。
△九月九日到二十日，台客、吳信義夫婦、吳元俊、江奎章和我共六人，組成「山西芮城六人行」，前兩天先參訪鄭州大學。
△十月十二日，第二九次44同學會（台大水源福利會館），到有：我、黃國彥、解定國、高立興、童榮南、袁國台、林鐵基、周小強、金克強、黃富陽、郭龍春、桑鴻文、盧志德、曹茂林，共14人。
△十月十四日，邀集十位佛光人中午在台大水源會館雅聚，這十人是范鴻英、刑筱

容、陸金竹、吳元俊、吳信義、江奎章、郭雪美、陳雪霞、關麗蘇。

△十一月十日，台大社團晚會表演，在台大小巨蛋（新體育館），由我吉他彈奏，吳普炎、吳信義、吳元俊、周羅通和關麗蘇合唱三首歌，「淚的小花」、「茉莉花」、「河邊春夢」。

民國一〇一年（二〇一二）六十一歲

△元月四日，第三十次44同學會（台大水源福利會館），到有：我、桑鴻文、高立興、林鐵基、解定國、童榮南、袁國台、盧志德、金克強、曹茂林、郭龍春、陳方烈。

△元月十四日，大選，藍營以689萬票對綠營609萬票，贏得有些辛苦。基本上「九二共識」、「一中各表」已是台灣共識。

△《中國神譜》出版（文史哲出版社，二〇一二年元月）。

△二月，寫一張「保證書」給好朋友彭正雄先生，把我這輩子所有著作全送給他，由他以任何形式、文字，在任何地方出版發行。這是我對好朋友的回報方式。

△二月，開始規畫、整理出版《陳福成文存彙編》，預計全套八十本（總字數近千萬），由彭正雄所經營的文史哲出版社出版。

△二月十九日中午，葡萄園詩刊同仁在國軍英雄館餐聚，到會有林靜助、曾美玲、

杜紫楓、李再儀、台客、賴益成、金筑和我八人。大家商討今年七月十五日是葡萄園的五十大壽，準備好好慶祝。

△三月二十二日，倪麟生事業有成宴請同學《公館自來水博物館內》，到有：我、倪麟生、解定國、高立興、盧志德、曹茂林、郭龍春、童榮南、桑鴻文、李台新，共十人。

△《金秋六人行：鄭州山西之旅》出版（文史哲出版社，二〇一二年三月）。

△《從皈依到短期出家》（唐山出版社，二〇一二年四月）。

△《中國當代平民詩人王學忠》出版（文史哲出版社，二〇一二年四月）。

△《三月詩會二十年紀念別集》（文史哲出版社，二〇一二年六月）。

△五月十五日，第三一次44同學會（台大水源福利會館），到有：我、陳方烈、桑鴻文、解定國、高立興、童榮南、林鐵基、盧志德、周小強、金克強、曹茂林、李台新、倪麟生，共十三人。

△九月有三本書出版：《政治學方法論概說》、《西洋政治思想史概述》、《最自在的是彩霞》，文史哲出版社。

△十月二十二日，第三二次44同學會（台大水源福利會館），到有：我、解定國、高立興、童榮南、林鐵基、盧志德、李台新、桑鴻文、郭龍春、倪麟生、曹茂林、

周小強，共十二人。

△《台中開發史：兼龍井陳家移台略考》出版，文史哲出版，二〇一二年十一月。

△十二月到明年元月，大愛電視台記者紀儀羚、吳怡旻、導演王永慶和另三位攝影師，一行六人，來拍「陳福成講公館文史」專集節目，在大愛台連播兩次。

民國一〇二年（二〇一三）六十二歲

△元月十一日，參加「台大秘書室志工講習」，並為志工講「台大・公館文史古蹟」（上午一小時課堂講解，下午三小時現場導覽）。

△元月十五日，「台大退休人員聯誼會」理監事在校本部第二會議室開會，並選舉第九屆理事長，我意外當選理事長，二二日完成交接，任期兩年。

△元月十七日，第三三次44同學會（台大水源福利會館），到有：我、倪麟生、林鐵基、桑鴻文、解定國、高立興、盧志德、周小強、曹茂林、郭龍春、陳方烈、余嘉生、童榮南，共十三人。

△二月，《嚴謹與浪漫之間：詩俠范揚松》出版，文史哲出版社。

△三月，當選「中國全民民主統一會」執行委員，任期到一〇三年三月二十八日。（會長王化榛）。

△三月，《讀詩稗記：蟾蜍山萬盛草齋文存》出版，文史哲出版社。

△五月，《與君賞玩天地寬：陳福成作品評論和迴響》、《古晟的誕生：陳福成60詩選》、《迷航記：黃埔情暨陸官44期一些閒話》三書出版，由文史哲出版社出版發行。

△五月十三日，第三四次44同學會（台大水源福利會館），到有：我、李台新、解定國、高立興、林鐵基、童榮南、盧志德、金克強、曹茂林、虞義輝、郭龍春、桑鴻文、陳方烈、倪麟生、余嘉生、共十五人。

△七月，《孫大公的思想主張書函手稿》、《日本問題終極處理》、《一信詩學研究》三書出版，均文史哲出版社。

△七月四日，鄭雅文、林錫嘉、彭正雄、曾美霞、落蒂和我共六個作家詩人，在「豆豆龍」餐廳開第一次籌備會，計畫辦詩刊雜誌，今天粗略交換意見，決定第二次籌備會提出草案。

△八月十三到十六日，參加佛光山「教師佛學夏令營」，同行尚有吳信義、關麗蘇。

△八月三十一日，為詩人朋友導覽公館古蹟，參加者有范揚松、藍清水夫婦、陳在和、吳明興、胡其德、吳家業、許文靜、鍾春蘭、封枚齡、傅明其。

△九月七日，上午在文協舉行《一信詩學研究》新書發表會及討論，由綠蒂主持。

△九月十日，假校總區第二會議室，主持「台大退休人員聯誼會」第九屆第四次理

監事聯席會議，會中由會員組組長陳志恆演講，題目「戲緣——京劇與我」。

△九月二七日，參加「台大文康會各分會負責人座談會暨85週年校慶籌備會議」，地點在台大巨蛋，由文康會主委江簡富教授（電機系）主持，各分會負責人數十人到場。

△十月七日，第三五次44同學會（改在北京樓），到有：我、余嘉生、解定國、虞義輝、童榮南、盧志德、郭龍春、桑鴻文、李台新、陳方烈、袁國台，共十一人。

△十月十二日，在天成飯店（火車站旁），參加「中國全民民主統一會」第七屆第二次執監委聯席會。討論會務發展及明春北京參訪事宜。

△十月十九日，由台大三個社團組織（教授聯誼會會長游若篍教授、職工聯誼會秘書楊華洲、退聯會理事長我本人）聯合舉辦「未婚聯誼」，在台大巨蛋熱鬧一天，到場有第二代子女近四十人參加。

△十一月九日，重慶西南大學文學系教授向天淵博士來台交流講學，中國詩歌藝術學會理事長林靜助先生，在錦華飯店繳請「兩岸比較文學論壇」，我和向教授在兩年前有一面之緣。

△十一月十二日，假校總區第二會議室，主持「台大退聯會」第十屆第五次理監事聯席會議。陳定中將軍蒞臨演講，題目「原子彈與曼哈頓計劃的秘密」，另討論十二月三日會員大會事宜。

△十一月十三日，小路（路復國同學）來台北開會，中午我和老袁（袁國台）與他相見，老袁請吃牛肉麵，我在「新光」高層請喝咖啡賞景。

△十一月二十四日，台大退聯會、教聯會和職工會合辦「兩性聯誼」活動，第三場在文山農場，場面熱鬧。

△十一月二十八日，晚上，台大校慶文康晚會在台大巨蛋舉行，退聯會臨時組合唱團由我吉他伴奏參加，也大受歡迎。

△十二月三日上午，台大退聯會在第一會議室舉行年度大會，近兩百教職員工參加，主秘林達德教授代表校長致詞，歷屆理事長（宣家驊將軍、方祖達教授、楊建澤教授、丁一倪教授）均參加，我自今年元月擔任理事長以來，各方反應似乎還算滿意。

△十二月十日，約黃昏時，岳父潘翔皋先生逝世，高壽九十四歲，福壽雙全，除老人退化病外，無任何重症，睡眠中無痛而去，真是福報。他們兒女決定簡約辦理，十七號舉行告別式。

△十二月十八日，中午，參加在「喜萊登」由鄭雅文小姐主持成立的「華文現代詩刊」，到會有主持鄭雅文、筆者及麥穗、莫渝、林錫嘉、范揚松帶秘書曾詩文、曾美霞、龔華、劉正偉、雪飛等。

△十二月二十二日，在「儷宴會館」（林森北路），參加44期北區同學會，改選理監事及會長，虞義輝當選會長，我當選監事。

△十二月三十日，這幾年，每年年終跨年，一群詩人、作家都在范揚松的大人物公司跨年，今年也是，這次有：范揚松、胡爾泰、方飛白、許文靜、傅明琪、劉坤靈、吳家業、梁錦鵬、吳明興、陳在和及筆者。

民國一〇三年（二〇一四）六十三歲

△元月五日，與妻隨台大登山會走樟山寺，到樟山寺後再單獨走到杏花林，中午在「龍門客棧」午餐，慶祝結婚第34年。

△元月九日，爆發「梁又平事件」（詳見《梁又平事件後：佛法對治風暴的沈思與學習》乙書）。

△元月十一日，在天成飯店參加「中國全民民主統一會」執監委員會，由會長王化榛主持，並確定三月北京行名單。

△元月十二日，與妻隨台大登山會走劍潭山，沿途風景優美。

△元月二十四日，參加台大志工講習會，會後參觀台大植博館。

△元月、二月，有三本書由文史哲出版，《把腳印典藏在雲端》、《台北的前世今生》、《奴婢妾匪到革命家之路：謝雪紅》。

△春節，那裡也沒去，每天照常在新店溪畔散步、寫作、讀書。

△二月九日，參加「台大登山會」新春開登，目的地是新莊牡丹心環山步道」，在泰山、林口接壤的牡丹山系，全天都下著不小的雨，考驗能耐。我和信義、俊歌兩位師兄，都走完全程，各領一百元紅包。

△二月十八日，中午與食科所游若簌教授共同主持兩個會，教授聯誼會邀請台北市教育局長林奕華演講，及「千歲宴」第二次籌備會。到會另有職工會秘書華洲兄、陳梅燕等十多人。

△二月廿一、廿二日，長青四家夫妻八人（虞、張、劉、我及內人們），在張哲豪的基隆「公館」度假，並討論四月花蓮行，決議四月十四、十五、十六共三天到花蓮玩。

△三月三日，中國文藝協會以掛號專函通知，榮獲第五十五屆中國文藝獎章文學創作獎，將於五月四日參加全國文藝節大會，接受頒獎表揚。

△三月八日，晚上在三軍軍官俱樂部文華廳，參加由中國文藝協會理事長王吉隆先生所主持的理監事聯席會，有理監事周玉山、蘭觀生、曾美霞、徐菊珍等十多人參加。

△三月十日，由台大教聯會主辦，退聯會和職工會協辦，邀請台北市教育局長林奕

華演講，主題關於十二年國教問題，中午十二時到下午一點三十圓滿完成（在台大第一會議室）。

△三月十六日，三月是台大的「杜鵑花節」，每年三月的假日，我們擔任台大秘書室的志工們，都輪值校門口「坐台」（服務台），招呼人山人海的參訪來賓。今天上午九時到下午一時我值班，下班立即前往第一殯儀館「鼎峰會館」，向陳宏大哥上香致敬，並以《漸凍勇士陳宏傳：他和劉學慧的傳奇故事》一書代香花素果，獻於陳大哥靈前。此因十八號他的追思會我在台大有兩個重要會議要開，向學慧師姊說了先來拈香，我也因寫了陳宏的回憶錄，和他有心靈感應，他也給我的人生有重大啟示，故向陳宏大哥獻書，願他一路好走，在西方極樂世界修行，別再重回六道，受人間諸苦。

△三月十八日，上午主持今年第一次「台大退休人員聯誼會」理監事會，並邀請吳信義學長會後演講，到有全體理監事各組長二十多人。下午參加校長楊泮池主持的「退休人員茶會」，按往例我參與茶會並在會中報告退聯會活動，陳志恆小姐隨同我參加，在現場「招兵買馬」，成效甚佳。

△三月二十日，上午到二殯參加海軍少將馬振崑將軍公祭（現役五十七歲），我以台大退聯會理事長身份主祭，信義和俊歌兩位師兄與祭。現場有高華柱、嚴明、葉昌桐等高級將領，至少有五十顆星星以上。

下午，到翔順旅行社（松江路）參加北京行會議，下週二共二十人參加這次訪問。

△三月二十一日，中餐，在「台大巨蛋」文康交誼廳，參加由台大文康委員會主委

江簡富教授（電機系）所主持，「一〇三年文康會預算會議」，到有台大教職員各社團負責人近三十人。

△三月廿五到三十日，應中國全民民主統一會會長王化棒先生及信義、俊歌兩位師兄之邀請，以特約記者的身份參加全統會北京、天津參訪團，全團二十人。我們拜會天津、北京的中國和平統一促進會、黃埔軍校同學會等。（詳見我所著《中國全民民主統一會北京天津行：兼略論全統會的過去現在和未來發展》，文史哲出版）

△四月十四、十五、十六，近半年來我積極推動的「長青家族花蓮行」，終於成真，內心感到安慰極了。回想五年多來，長青家族的聚會竟如同打烊，太氣人了。這件事能促成，比我在花蓮擁有一甲地更值得。這心聲在三天旅遊中我沒說出來，今只在此說給大家聽，義輝、阿妙、阿張、金燕、劉建、Linda 和我妻，「以心傳心」傳給你們聽！

△五月二日，由中國文藝協會主辦，行政院文建會贊助指導，第五十五屆文藝獎章得獎人，今天在部份平面媒體公告，下列是聯合報資料。後天就是「五四文藝節」，將在三軍軍官俱樂部盛大慶祝並頒獎。據聞，副總統吳敦義將親自主持。

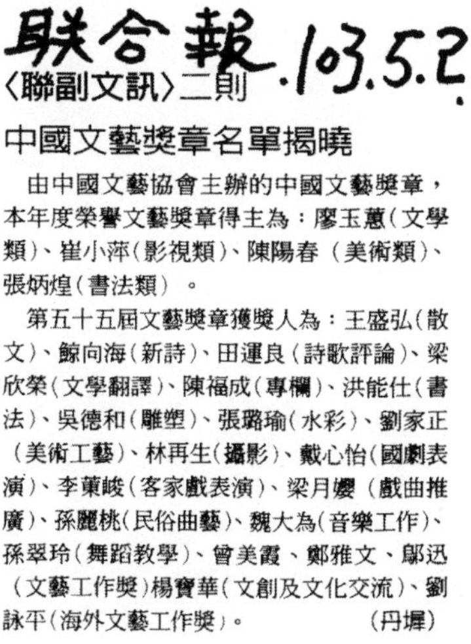

联合報 .103.5.2.

〈聯副文訊〉二則

中國文藝獎章名單揭曉

由中國文藝協會主辦的中國文藝獎章，本年度榮譽文藝獎章得主為：廖玉蕙（文學類）、崔小萍（影視類）、陳陽春（美術類）、張炳煌（書法類）。

第五十五屆文藝獎章獲獎人為：王盛弘（散文）、鯨向海（新詩）、田運良（詩歌評論）、梁欣榮（文學翻譯）、陳福成（專欄）、洪能仕（書法）、吳德和（雕塑）、張璐瑜（水彩）、劉家正（美術工藝）、林再生（攝影）、戴心怡（國劇表演）、李菓峻（客家戲表演）、梁月嬰（戲曲推廣）、孫麗桃（民俗曲藝）、魏大為（音樂工作）、孫翠玲（舞蹈教學）、曾美霞、鄭雅文、鄔迅（文藝工作獎）楊寶華（文創及文化交流）、劉詠平（海外文藝工作獎）。 （丹墀）

△五月四日，下午到晚上，參加全國文藝節及文藝獎章頒獎典禮，直到晚上的文藝晚會都在三軍軍官俱樂部。往年都是總統馬英九主持，今年他可能因母喪，改由副總統吳敦義主持。

△五月初的某晚，關雲的女兒打電話給我，媽媽走了！我很震驚，她是中國文藝協會會員、三月詩會詩友，六十五歲突然生病很快走了！怎不叫人感慨！

△五月二十日，籌備半年多的「台大退聯會千歲宴」，終於快到了，今天是退聯會上班日，大家做最後準備。中午到食科所午餐，三個分會（退聯會、教聯會、職工會），再開宴前會，確認全部參加名單和過程。

△五月廿二日，上午九點到下午兩點，千歲宴正式成功辦完，校長楊泮池教授也親臨致詞，和大家看表演、合照。今天到有八十歲以上長者近四十人，宣家驊將軍、方祖達教授等都到了。

△六月二日，今天端午節，中午在中華路典漾餐廳，由全統會會員（會長王化榛、秘書長吳信義、會員吳元俊，我等十多人），宴請天津來訪朋友，有些我們三月去天津已見過，他們到有：王平、劉正風、李偉宏、蔣金龍、錢鋼、商駿、吳曉琴、李衛新、賈群、陳朋，共十人。

△到六月止，近十個月來，完成出版的書有：《把腳印典藏在雲端：三月詩會詩人手稿詩》、《台北公館台大地區考古・導覽》、《我的革命檔案》、《中國全民民主統一會北京行》、《六十後詩雜記現代詩集》、《胡爾泰現代詩研究》、《從魯迅文學醫人魂救國魂說起》；另外，《臺大退聯會會務通訊》也正式出版，第

一版先給理監事會看，年底會員大會再印贈會員。

△六月十一日，《臺大會訊》報導「千歲宴」盛況如下：

《臺大校訊》，二〇一四年六月十一日，第四版。

退休人員、職工及教師聯誼分會舉辦千歲宴活動

爲關懷退休人員較年長者平常較少於校園活動，文康會退休人員、職工及教師三個聯誼分會5月24日假綜合體育館文康室舉辦80歲以上「千歲宴」活動。出席名單包括：教務處課務組主任郭輔義先生、軍訓室總教官宣家驊、軍訓室教官鍾鼎文、軍訓室教官鄭義峰、總務處保管組股長林 參、總務處蕭添壽先生、總務處翁仙啓先生、圖書館組員柯環月女士、圖書館閱覽組股長王鴻龍、文學院人類系組員周崇德、理學院動物系教授李學勇、法學院王忠先生、法學院工王本源先生、醫學院組員洪林寶祝、醫學院組員連興潮、工學院電機系教授楊維禎、農學院生工系教授徐玉標、農學院園藝系教授方祖達、農學院技正路統信、農學院園藝系教授康有德、附設醫院護士曾廖日妹、農業陳列館主任劉天賜、圖書館組員紀張素瑩、附設醫院組員宋麗音、理學院海洋所技正鄭展堂、理學院化學系技士林添丁、附設醫院組員葉秀琴、附設醫院技佐王瓊瑛、附設醫院技士劉人宏、農學院農化系教授楊建澤、農學院農經系教授許文富、園藝系教授洪 立、農學院森林系教授汪 淮、軍訓室教官茹道泰、電機系技正郡依俤。

△六月十三日，上午率活動組長關麗蘇、會員組長陳志恆、文康組長許秀錦，拜會位於新店的天帝教總會，他們有劉曉蘋、李雪允、郝寶驥、陳啟豐、陳己人等多位接待我們。議決九月十七日，台大退聯會組團（40人）參訪天帝教的天極行宮（在台中清水）。會後，中午在總會吃齋飯。

△六月十七日，主持台大退聯會理監事會，我主要報告《會務通訊》出版事宜，經

費籌劃等。

△六到七月，我的《華夏春秋》雜誌打烊後，曾有大陸朋友要在大陸復刊，江蘇的高保國搞一期又打烊了。最近遼寧的金土先生復刊成功，希望他能長長久久辦下去。以下是創刊號的封面和內首頁。

本刊社長陳福成 2009 年於西南大學留影。

葫蘆島市環保局局長、本刊顧問羅建彪題。

△到八月止：在文史哲出版社完成出版的著作，七、八月有：《留住末代書寫的身影》、《我這輩子幹了什麼好事》、《「外公」和「外婆」的詩》、《中國全民民主統一會北京天津行》。

△八月一到五日，參加「二〇一四佛光山佛學夏令營」，今年主題是「戒定慧」。同行的好友尚有：吳信義、吳元俊、關麗蘇、彭正雄。

△八月二十六日，主持「台大退休人員回娘家」聯歡餐會，在「台大巨蛋」文康室熱鬧一天，近百會員參加。

△九月二日，主持「台大退聯會」第九屆第七次理監事會，我在會中發表〈不連任、不提名聲明書〉，但全體理監事堅持要我接受提名連任，只好從善如流，接受承擔。

△九月十六日，下午參加由校長楊泮池教授主持的「退休人員茶會」，我的任務是報告「台大退聯會」概況並積極「招兵買馬」。

△九月十七日，率台大退休人員一行40人，到台中清水參訪「天帝教天極行宮」。

△九月到十月間，退聯會、聯合服務中心，工作和值班都照常，多的時間寫作、運動，日子好過，天下已不可為，就別想太多了。

△十一月四日，主持「台大退聯會」第九屆第八次理監事會，也是為下月二日年度

會員大會的籌備會，圓滿完成。

十二月二日，主持「台灣大學退休人員聯誼會」第九屆 2014 會員大會，所提名十五位理事、五位監事全數投票通過，成為下屆理監事。

△十二月十三日，下午參加《陸官 44 期同學理監事會》，會後趕回台大參加社團幹部座談、餐會。

△十二月十四日，三軍軍官俱樂部參加「中華民國新詩學會」理監事會。

△台大秘書室志工午餐（在鹿鳴堂），到有：叢曼如、孫茂鈴、郭麗英、朱堂生、吳元俊、吳信義、孫洪法、鄭美娟、簡碧惠、王淑孟、楊長基、宋德才、陳蓓蒂、許詠婕、郭正鴻、陳美玉、王來伴、蘇克特、許文俊、林玟妤來賓和筆者共 21 人。

△關於民一〇二、一〇三年重要工作行誼記錄，另詳見《台灣大學退休人員聯誼會第九任理事長記實》一書，文史哲出版。

民國一〇四年（二〇一五）六十四歲

△元月六日，主持「台大退休人員聯誼會」第十屆理監事，在校本部第二會議室開會投票，我連任第十屆理事長。

△關於民一〇四、一〇五年重要工作行誼記錄，詳見《台灣大學退休人員聯誼會第十任理事長記實暨 2015 2016 事件簿》（計畫出版）為準。